New York Street Cries in Rhyme

New York Street Cries in Rhyme

By Mahlon Day

WITH A NEW INTRODUCTION BY
LEONARD S. MARCUS

DOVER PUBLICATIONS, INC.
NEW YORK

Copyright © 1977 by Dover Publications, Inc.
All rights reserved under Pan American and International Copyright Conventions.

Published in Canada by General Publishing Company, Ltd., 30 Lesmill Road, Don Mills, Toronto, Ontario.
Published in the United Kingdom by Constable and Company, Ltd., 10 Orange Street, London WC2H 7EG.

This Dover edition, first published in 1977, is a facsimile of the work published by Mahlon Day, & Co., 374 Pearl Street, New York, and by Baker, Crane & Co., 158 Pearl Street, New York; it was entered in the year 1825 in the Clerk's Office of the District Court for the Southern District of New York, under the title *The New-York Cries, in Rhyme*. For this Dover edition, Leonard S. Marcus has written a new Introduction, which gives additional information concerning Mahlon Day editions.

This facsimile has been made possible through the cooperation of The Museum of the City of New York, which kindly loaned the publisher an original edition for reproduction purposes.

International Standard Book Number: 0-486-23524-6
Library of Congress Catalog Card Number: 77-075122

Manufactured in the United States of America
Dover Publications, Inc.
180 Varick Street
New York, N.Y. 10014

Introduction to the Dover Edition

I

An interest in street life, warts and all, led European artists from about 1500 to illustrate the itinerant hawkers and peddlers of their day, often also to record their spirited songs and rhymes and chants, the street cries.

Diverse companies of street criers worked the streets of European cities and towns for hundreds of years, and many criers sang or played musical instruments. Addison, in *The Spectator*, observed:

> There is nothing which more astonishes a foreigner, and frightens a country 'squire than the *cries of London*. My good friend Sir *Roger* often declares that he cannot get them out of his head. . . . On the contrary, *Will Honeycombe* . . . prefers them to the sound of larks, and nightengales, with all the music of the fields and woods.

And Charles Dickens, after visiting New York City in 1842, remarked: "But how quiet the streets are!" although it was street musicians (soon to come to New York) that he found lacking, and it seems likely Dickens while in New York would have had the chance to meet all the many kinds of street criers pictured in this early American chapbook.

Criers, while far less numerous or conspicuous in the streets today, turn up in literature, in *Piers Plowman*, for example, shouting, "Hot pyes, hote!" and in Shakespeare's *The Merchant of Venice, Much Ado About Nothing*, and *The Winter's Tale*. Cries are heard in music of sixteenth-century England and France, in the American *Porgy and Bess*, in nursery rhymes, legends, and the ballad of Molly Malone, *in Dublin's fair city, where the girls are so pretty, crying cockles and mussels! alive, alive-oh!*

The popular genre of illustrated cries took root most durably in France, perhaps starting from 1501, and spread through books and broadsides throughout Europe and to Latin America and the United States. Criers variously appear in the

INTRODUCTION TO THE DOVER EDITION

pictures as humble merchants, quaint types and scurrilous rogues; the illustrations range from popular prints to fine engravings. As with the books of trades, illustrated cries were first printed especially for children some time after 1700, while pictures for adults continued to appear, and still do occasionally in the form of photographs. In 1840, Pellerin & Cie. of Épinal, France, produced a street-cry *A.B.C.;* street-cry board games also appeared at about this time in France.

The illustrated cries have had itinerant careers of their own. Isaiah Thomas published the first American edition of a book of cries at Worcester in 1786; this was his *Cries of London.* The following year, Young & McCulloch of Philadelphia advertised *The Moving Market: or Philadelphia Cries,* a book that despite its appearance of local origins was almost certainly pirated from an English book of English cries. Samuel Wood's *Cries of New-York,* described by the editors of the 1931 Harbor Press reprint as the "first distinctly American picture book," came out in New York City in 1808. Wood's *Cries of Philadelphia,* published two years later, largely con-

[vii]

sists of his own *New-York Cries* with a few Philadelphian criers added in.

Wood's *New-York Cries* went through at least eight editions between 1808 and 1822, and many other new or more often pirated cries were printed at Boston, Rutland, Albany, Cooperstown, Hartford, New Haven, Charlestown, and elsewhere.

Mahlon Day's collection of street cries, reproduced in the present Dover volume as *New York Street Cries in Rhyme* (originally entitled *The New-York Cries, in Rhyme*), first went to press three or so years after Wood's last printing, perhaps in 1825. It was reissued over ten or more years by Day in an unknown number of large editions, was reprinted by Day's successor, Stephen M. Crane, in 1847, and again by Grosset & Dunlap in 1939. A book with original woodcut illustrations, verse cries and rather sober paragraphs of facts and morals, Day's offering combined the main features of numerous other chapbooks of the time. It was among the more popular of all American books of street cries, and became a familiar item at Mahlon Day's store:

INTRODUCTION TO THE DOVER EDITION

> I had three cents to spend
> I ran to Day's with glee
> To get a picture book;
> And here I've got it—see!
> > (from *The Penny Primer*,
> > published by Mahlon Day)

II

Mahlon Day was born in Morristown, New Jersey, on August 27, 1790. We have no stories of Day's own childhood. He was a member of The Society of Friends, and in the New York City Directory for 1816 we find Day, twenty-six, listed as a printer at 35 Beaver Street.

Four years later Day opened the Juvenile Book Store at 84 Water Street, then moved slightly to the north of the harbor area (and north of the annual yellow fever) to 372 Pearl Street in 1823; then to 376 Pearl Street in 1825 and next door to number 374 in 1833, where the busy shop remained after Day retired in 1844, and Stephen M. Crane (formerly of 158 Pearl Street) became its proprietor.

After Broadway, Pearl Street was the city's

main business thoroughfare, and Mahlon Day probably could have double checked the various criers' prices (dutifully reported and revised for each new edition of the *Cries*) by leaning out his door.

Mahlon Day had Samuel Wood as his chief rival in the New York City children's book trade. Wood, who founded his shop about twenty years earlier, ran the larger and longer-lasting firm. Together, they probably published more children's books than the sum of their competitors, Solomon King, Daniel Cooledge, N. B. Holmes, and Kiggins and Kellogg. For years, Wood and Day followed very industriously in one another's footsteps, hiring from the same group of illustrators—Alexander Anderson was one—and publishing similar lists of moral subjects, classroom texts, natural and religious histories and cautionary tales. Both considered instruction the main purpose of their children's books; amusement, while also a purpose, was not taken too lightly by either man. Both let the illustrations of a book entertain, but trusted the child's education largely to the printed word, especially to prose:

"Worth makes the man," declares the author of the *Cries* (under "Mats"), and "industry leads to plenty."

In Mahlon Day's formulation, diligence and right conduct lead all but inevitably to success. Even an accident such as the breakdown of a carriage might furnish chances for invention to the industrious woman or man. Children, being particularly accident-prone, needed to be warned in advance by authors and parents of any number of frightful dangers:

> The author [Day, in his Preface to *The Wilful Girl, and the Impatient Boy,* n.d., 374 Pearl Street], having known two beautiful children who were burned to death, a girl eight years old, from standing too near the fire, and a boy four years old and a half from lighting paper, particularly recommends the following tales to be read in the nursery, to serve as a caution to young children . . .

As against such ounces of prevention, an occasional passage in Day's books seems aimed at drawing out the child's curiosity, as when in the *Cries* the author suggests (under "Beans, Peas, &c. &c.") that Long Island may be considered the "garden of New-York."

Like Samuel Goodrich, whose *Peter Parley* stories Day sold at his store, Mahlon Day took notable pride in his book illustrations, and these often have genuine charm.

Neither Day nor Goodrich approved of imaginative fiction. Day and many other bookseller-publishers in the East competed against itinerant chapmen who were likely to be peddling the more fanciful type of children's tales. From Isaiah Thomas' chapbooks on, there were, of course, certain marvelous exceptions to be found at some stores. But in their approach to juvenile fiction, New York City's publishers were among the least adventurous waders. When Munroe and Francis of Boston published *Mother Goose's Melodies* in 1833, they had no reason to fear competition from Mahlon Day.

Day also published a series of pocket almanacs with merchant's and banker's tables and selections of inspirational verse. He managed to wrest some order from the baffling paper-currency situation (there was no single federally backed legal tender at the time) in *Day's List of Altered, Counterfeit, and Spurious Bank Notes.*

Day prospered handily and, on retiring in 1844, devoted much time to charitable and educational concerns, as was a custom with the city's merchants. Day left no memoir, no letters by him survive. Most Day books are unsigned and of unknown authorship. In his will, he left a modest fortune of more than $13,000 to his wife, two daughters, one son, various other relatives and the Association for the Benefit of Colored Orphans, and urged his heirs repeatedly to invest in New York City land.

It seems ironic that Day, who published numerous books on the prevention of accidents, would have died in one himself. Day, his wife and one daughter, however, were on board the steamship *Arctic* when on September 27, 1854, that vessel, the largest American steamship then afloat, collided in a dense fog with a slight bark, *Vesta,* and sank, sending 408 passengers and crew, not counting children, to a watery grave.

III

From Day's *Picture of New-York* (1825) we learn that on Pearl Street,

> . . . merchants from all parts of the United States, select such articles as they want . . . some call at Day's Juvenile Book-Store for little books for little folks, among which is this little volume, also the *Field Daisy, Little Stories, New-York Cries, in Rhyme, Youthful Sports, Two Lambs, Life of Joseph, Happy Waterman,* all with pretty pictures in them, and a long list of others, too tedious to mention . . .

From this ad, one of many that Day deftly planted for readers, we hear of his *Cries* in print in 1825, a finding with interest for us since Day may have been referring to the "copyright 1825" edition reproduced here.

Karen Beall in her extensive *Kaufrufe und Strassenhändler: Cries and Itinerant Trades* (bilingual, Hamburg, 1975; the illustrated bibliography of world street-cry literature) lists the 1825 Day *Cries* as the first edition, with one copy known. That copy is owned by The Mu-

INTRODUCTION TO THE DOVER EDITION

seum of the City of New York, and is the book reprinted in this Dover edition.

The lively children's-book publishing trade of Day's time was marked by a steady traffic in piratings and a yawning indifference to most copyright concerns. In many chapbooks copyright statements were simply omitted. It was also not unusual for an older copyright notice to be reprinted in later editions that had been substantially changed. This "1825" copy of the *Cries,* for example, seems from internal evidence to have come off the press some time after 1840.

The listing of New York City's population as "rising 300,000" (too high for 1825 but about right for 1840) is a tentative clue. And the account of City Hall, largely taken from George Blunt's *The Picture of New-York, or the Stranger's Guide to the Commercial Metropolis* (1825), has been altered in this copy of the *Cries* to note that "during the year [sic] 1834-6, a large handsome building in the style of Egyptian architecture, was erected in Centre-street . . ." to house the jail and courts. Charles Dickens wondered on seeing the building in 1842, "What is this dismal-fronted pile of bastard Egyptian? . . . a famous prison, called The Tombs." The Tombs was actually built between 1838–40, placing publication of this copy no earlier than these last mentioned years, while the dual address stated for the publisher, "Mahlon Day & Co., 374, and Baker, Crane & Co., 158 Pearl-Street," suggests that the book was printed within a year or two, before or after, of Day's 1844 retirement.

Other surviving copies are dated 1826, 1832, and 1836, perhaps accurately since they present no contradictory details. The Day *Cries* reproduced here is the most complete of the versions, illustrating twenty-one criers as compared with nineteen in the others, where the charcoal man and water cress girl are lacking. Otherwise the various chapbooks are much the same.

This "1825" copy was perhaps among the very *last* books Day printed (there is no way of telling), a book Day might have thought of nostalgically, as a recapitulation of his publishing career—with the criers epitomizing Day's humility and love of honest labor—or else simply as tested old material from which a tidy profit could be economically turned: *a penny saved is a penny earned.*

The date 1825 may well be that of the first edition.

IV

In 1825, the year of the opening of the Erie Canal, New York City's population exceeded 150,000, and chroniclers measured the city's progress in the rising census figures, in tonnages of the steamships plying the harbor, and in the number of fireproof buildings the city contained.

The city had eight open-air markets in 1825 where many of the city's criers (there must have been hundreds) would have picked up produce and wares.

In 1825, wooden buildings out-numbered brick, and "Fire!" was a street cry very familiar to New Yorkers throughout Day's time. While fire alarms probably sound just as frequently today in the city, the damage of the early-nineteenth-century fires was generally greater; the destruction of twelve buildings in a single blaze did not strike one observer as anything extraordinary.

Chimney sweeps did the dangerous work of trying to reduce the chance of fire. By 1825, the city sweeps' hours had been regulated by law and the minimum age set at eleven; and a mechanical sweeper, mentioned in both Wood's and Day's *Cries,* provided a means for eliminating the "some times fatal business" altogether, although records show sweeps working in the city at least through the late 1830s.

A chimney sweep earned 12½¢ for his work at a two-story building. This, according to Day's *Cries,* was also the price of a pound of cherries, a bushel of sand, and a "Pine Apple."

The pineapple turns up, a traditional American symbol of hospitality, in wrought-iron finials to the entrance gates of city merchants' houses of this period. And Day in a rare gust of imagination compares the pineapple's spiked and leathery skin to the scales of fishes.

Frugality, urged in the author's praise of sand as against household carpeting, seems in apparent contrast to the little book's wealth of illus-

INTRODUCTION TO THE DOVER EDITION

trations. And the author puts aside a certain moral gloom to admit, concerning oranges, that "One is strongly inclined to buy this delicious fruit, as we pass along Chatham-street or Broadway, where may be seen rows of Orangemen, especially before St. Paul's Church."

Milk is "white wine" in a lighthearted temperence pitch to minors. Oysters and clams were in such demand, the author reports, that "laws have been passed to preserve their growth," an instance from the early nineteenth century of an ecological concern. The scissors grinder, busily "making the fire spin out from the swift going grindstone," was a sight that seems to have pleased the author especially. The Day book must have aroused the curiosity, and the appetites, of many little readers, while acquainting them with their morals and the customs of New York.

V

The illustrations of the criers (except possibly that of the water cress girl) seem the work of one artist. All are unsigned, and an example of Alexander Anderson's early work (1795), in Sinclair Hamilton's *Early American Book Illustrations and Wood Engravings,* looks remarkably like these pictures. Anderson, in his little-known *Autobiography* (1848), singles out Day's chief rival, Samuel Wood, as a New York publisher for whom he regularly worked, producing "an infinity of cuts for his excellent set of small books," although we know that Anderson also worked for Day; the artist may have paid Wood special tribute because in 1848 Wood had only recently died. The illustrations for Wood's *Cries,* also unsigned, resemble those of Day's book, although with a finer handling of clothing detail and with less of a knack than our artist's for showing character and "color" in the criers. Anderson had four students, any number of imitators and admirers, and is himself known to have copied many cuts by the English artist, Thomas Bewick. The Day illustrations have an obvious link, but an uncertain one, to Anderson's gifted work.

INTRODUCTION TO THE DOVER EDITION

The woodcuts in this book more surely illustrate Day's own generally high standards for graphics. The best cuts under his imprint, such as those of *The Book of Trades* (1833), are quite fine; and Day's illustrations are the part of his work that survives most vividly as more than curiosities today, at least for many adults.

The patchwork quality of many of the books, their printer's errors and misleading datings, seem oddly out of place in tracts about industry, prudence and the perils of careless behavior. Day probably had a healthy business attitude toward his dual role of entrepreneur and surrogate-father.

The playfulness and freedom to which the printed word was turned in such children's books as *Mother Goose's Melodies,* and Nathaniel Hawthorne's children's stories of the 1850s, were approached by both Wood and Day, if at all, in their broad acceptance of the illlustrator's art. Illustrations *are* fictions: the publishers themselves showed as much, reprinting their stock cuts over a surprising variety of captions. And while the Wood and Day woodcuts illustrated certain actions, certain facts for the children of their time—a man selling locks and keys, a woman selling matches—their charm left the door open, also, to a curious imagination.

LEONARD S. MARCUS

New York, March, 1977

SOURCES

For references to street cries, see Karen Beall, *Kaufrufe und Strassenhändler: Cries and Itinerant Trades* (Dr. Ernst Hauswedell & Co., Hamburg, 1975); Sinclair Hamilton, *Early American Book Illustrations and Wood Engravings* (Princeton University Press, 1968); Charles Hindley, *The History of the Cries of London* (Singing Tree Press, Detroit, 1969); A. S. W. Rosenbach, *Early American Children's Books* (Southworth Press, Portland, 1933); D'Alté Welch, *A Bibliography of American Children's Books Printed Prior to 1821* (American Antiquarian Society, 1972). See also Gerald Gottlieb, *Early Children's Books and Their Illustration* (The Pierpont Morgan Library, 1975).

Interesting sources on New York in Day's time include: Charles Dickens, *American Notes* (1842); C. H. Haswell, *Reminiscences of an Octogenarian of the City of New York (1816–1860)* (1896); Philip Hone, *Diary 1828–1851* (Dodd, Mead & Co., 1927); John A. Kouwenhoven,

LEONARD S. MARCUS

The Columbia Historical Portrait of New York (Doubleday, 1953); Jay Leyda, ed., *The Melville Log* (Gordian Press, 1969). Alexander Anderson's *Autobiography* was first published in chapbook form by Traders Press, New York, 1968.

On Mahlon Day: Harry Weiss, "Mahlon Day, Early New York Printer, Bookseller and Publisher of Children's Books" (Bulletin of N.Y. Public Library, Vol. 45, 1941, pp. 1007–1021).

L.S.M.

THE

NEW-YORK CRIES,

IN RHYME.

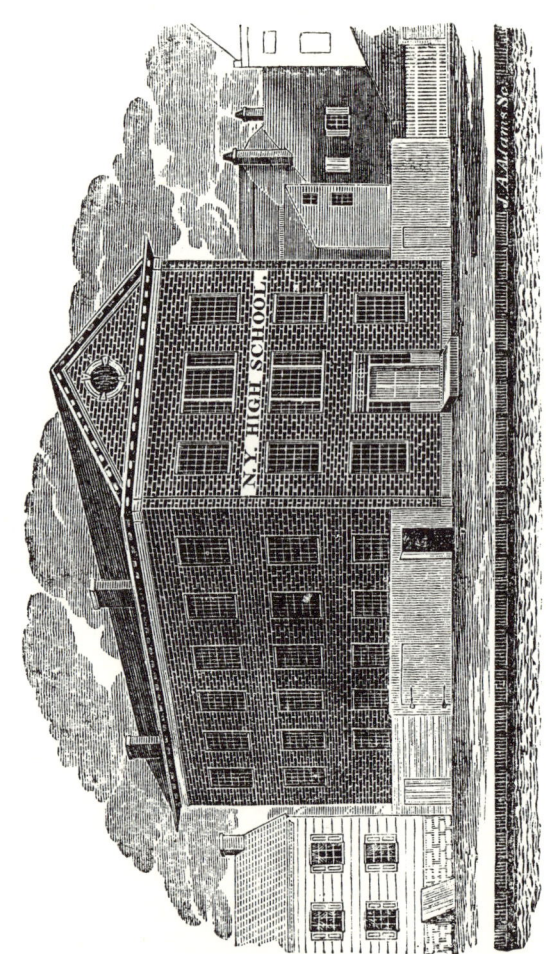

VIEW OF THE MECHANICS' SCHOOL, LATE NEW-YORK HIGH SCHOOL.

THE

NEW-YORK CRIES,

IN RHYME.

NEW-YORK:
PUBLISHED BY MAHLON DAY, & CO., 374, AND BAKER,
CRANE & CO., 158 PEARL-STREET.
James Egbert, Printer.

[Entered according to an Act of Congress, in the year 1825, in the Clerk's Office, in the District Court of the United States for the Southern District of New-York.]

DESCRIPTION OF NEW-YORK.

New-York is built on the south end of the Island of Manhattan, now called New-York Island. The noble river Hudson or North River, flows along its north-west side, while the East River, which unites with the majestic Long-Island Sound, waters the south east border. It is thought that no place in the world, embraces so many natural advantages for commerce and trade as the port of New-York. None, perhaps, is in a more flourishing condition, than it is at this time. A great many buildings have been recently erected, and we may behold whole squares and magnificent structures, going up in various parts of the city. Vessels from almost every commercial country, may be seen in this port; and the steam-boats, in the summer, are numerous, and ply in all directions.

By great labor and expense, the numerous hills, in that part of the island on which the city is building, have been levelled, and valleys and swamps have been filled up. Only a few years ago, there was a lake of fresh water called the Collect, in the middle of the city, which is now firm land ; and spacious streets and stately buildings, now occupy a place, where the boys of New-York formerly spent many hours in skating !

New-York Island is 15 miles long, and from one to two miles broad. It is laid out in spacious streets and avenues, with large squares and market-places. The circuit of the city is about eight miles, and the number of buildings which it contains, is estimated at 45,000, and the inhabitants rising 300,000.

MATS! MATS!
Buy a Mat! Buy a Mat!

Here's excellent Mats,
  Made of oakum all o'er,
So nice and so proper,
  To keep a clean floor.

One's pity would be raised to see this poor old blind man led along the streets of New-York by his little dutiful son. The manner of their carrying their Mats adds a good deal to the interest of the scene. They string some on their backs, while others hang before, thus appearing almost covered up with their commodity, and silently but very forcibly appealing to the humane feelings of the citizens to buy their rugs.--No honest business is to be despised by its being humble: nor should any person be shunned or neglected because he is poor. Worth makes the man: and industry leads to plenty. Want looks into a diligent man's door, but dares not enter.

BASKETS! WOODEN BOWLS!

Jingle, jingle, jingle, goes a parcel of bells.

Baskets, Wooden Bowls,
 Of well chosen wood,
  For a kitchen utensil
   You'll find very good.

This is a useful business; for it supplies our kitchens with necessary articles, and takes in return our old iron, copper, lead, pewter, &c. The basket man has a waggon with uprights and cross-pieces, strung full with baskets and wares of different descriptions. making a great show, and calling the attention of the citizens by his numerous jingling bells.

These wares are made in great quantities in Connecticut, and along the New-York Grand Canal, and supply several Wooden Ware Stores in our city with articles of little cost, but of much use.

CHERRIES!

"Cherries! Cherries! Here's Cherries!"

Do you want any Cherries,
Just pick'd from the tree,
Black, Ox-hearts, or Red,
As fine as can be?

Women and little children in the season of Cherries, may be seen busily engaged with baskets and a pair of scales in their hands, travelling from door to door crying " Cherries! Cherries!" They sell from 6¼ to 12½ cents per lb. Our citizens buy them for desserts, and to make pies of them; and our little New-York girls and boys scarcely ever refuse a treat from them.

Our markets are well supplied with this fine fruit: large quanties being daily sold in the season. Picking cherries is an employment mostly for children, who often risk their limbs, nay life itself, to make a few pence in this way.

WATER MELONS!

"Hers's large ripe Water Mill-yons! Here they G-O!"

Fine ripe Water Melons,
    From Shrewsberry's shore,
All sizes and colors,
    I have a good store.

This well known fruit is deemed healthful and useful in some complaints, which added to their fine flavor, cause them to be extensively used. They are raised in great quantities on Long Island, and some parts of New-Jersey. In the early part of the season, they are imported from Norfolk, Charleston, &c. They are cried about the streets by persons who drive low-railed waggons, exposing them piled up to view. They sell from 10 to 50 cents apiece. You may see large piles of them around our markets, and many find their way into the houses of our citizens.

PINE APPLES!

"Pine Apples! Fine flavored Pine Apples!"

Here's ripe Pine Apples,
Well flavored and sound,
Come buy one or two,
Very good they'll be found.

••

This delicious fruit is raised in warm countries, and our markets are supplied from the West Indies. It affords a fine repast for the rich man's table. They are highly flavored, and smell much like a strawberry. People carry them about the streets of New-York in baskets and wheelbarrows, much in the manner the cut describes.—They are sold at about 12½ to 25 cents each, and do not afford much more eating than a fine Newtown pippin: nor are they so delicious or as healthy as a large West Jersey peach, which we can buy for less money. Pine Apples take their name from a tuft or wooden cone that grows on pine trees, having layers of scales like fishes,

NEW MILK!

"Meeleck, Come! Meeleck, Come!"

Here's New Milk from the Cow,
   Which is so nice and so fine,
That the doctors do say,
   It is much better than wine.

This wholesome beverage is carried all round the city by men in carts, waggons, and very large tin kettles, as we see in the cut. The cows are pastured on the Island of New-York, some along the New-Jersey shore, and large droves on Long Island. Milk sells from 4 to 6 cents per quart, delivered at our doors every morning in the winter season, and twice a day in summer.

In warm weather, one may see large churns, mounted on a wheelbarrow, pushed along by colored men, mostly from Bergen, on the Jersey shore, crying, BUT-TER MEE-LICK!—WHITE WINE! WHITE WINE!

SAND O!

"*S-A-N-D!* *Here's your nice white*
S-A-N-D!"

Sand, O! white sand, O!
Buy sand for your floor;
For so cleanly it looks
When strew'd at your door.

This sand is brought from the seashore in vessels, principally from Rockaway Beach, Long Island. It is loaded into carts, and carried about the streets of New-York, and sold for about $12\frac{1}{2}$ cents a bushel. Almost every little girl or boy knows that it is put on newly scrubbed floors, to preserve them clean and pleasant.

But since people have become rich, and swayed by the vain fashions of the world, by carpeting the floors of their houses, there does not appear to be so much use for Sand as in the days of our worthy ancestors.

BEANS, PEAS, &c. &c.

*"Here's Beans, Peas, Cucumbers, Cabbage,
Onions, Potatoes! Here they G-O!"*

Here's nice Beans or Peas,
  Only ten pence a peck!
Come buy if you please,
  I've an excellent stock.

In the summer time, you may see persons in carts and others with hand-barrows, having a load of the above articles, that they cry along the streets, and sell to those families who live at a distance from the markets.

What a vast garden it would take to raise vegetables enough for all the inhabitants of New-York! Long Island may be considered the garden of New-York: the produce brought to this city daily is very great. In the season of peas, many youths are employed who pick them for the owners, at a certain sum per bushel. They come from a distance of 20 miles or more.

SCISSORS TO GRIND!

Jingle, jingle, goes the bell,
Any Razors or Scissors,
  Or Penknives to grind!
I'll engage that my work
  Shall be done to your mind.

There are several men in New-York, who go about with a wheel-barrow, on which is a grindstone, rigged in such a way as to be easily turned with the foot, while the hands apply scissors or a knife to the stone. Another may be seen with his machine slung on his back, and when a customer hails, he will quickly set his grindstone in motion. They strike a bell, as they walk along, as a sign to those who may wish any knives or scissors ground. Often have we observed these industrious men at work in tha street, making the fire spin out from the swift going grindstone.

POTATOES, O!

"Carolina Potatoes! Here's your fine C-A-R-O-L-I-N-A-S!"

Carolina Potatoes,

   Just come from the South,

So fine and so good

   As to suit any one's mouth.

Great quantities of Potatoes of different kinds are carried about the streets of New-York, for sale. None make so much noise as those people who cry the Sweet Carolinas. These are held in high esteem by most persons, and one can buy them ready boiled or roasted at the cook-shops. They are of an oblong form, of many sizes, and when boiled, taste much like a roast chestnut. They sell from 75 cents to 1 dollar per bushel.

Of all the gifts of a bountiful Providence, perhaps few exceed the Potatoe in usefulness to man. It is a native of America.

BROOMS! BROOMS!

Any Brooms or Brushes to-day.

Come buy a new Brush,
 Or a nice sweeping Broom,
'Tis pleasant indeed
 To have a clean room.

"Many ways to get a living!" some might think, when the broom dealers are seen going about the streets, with a load of Brooms and Brushes, crying aloud, as described in the lines above. These useful articles, so much prized by the nice housewife, are made of broom-corn whisk, chiefly; and sell from 25 to 37½ cents each. Those made by the people called Shakers, are much the neatest and best, and will command from 6 to 10 cents more. We have also Brooms made of twigs or saplings, which are used by men to sweep the streets.

HOT CORN!

*"Here's your nice Hot Corn! Smoking hot!
O what beauties I have got!"*

Here's smoking Hot Corn,
  With salt that is nigh,
Only two pence an ear,—
  O pass me not by!

From midsummer, till late in the autumn, our ears, during the evening, are saluted with this cry. The corn is plucked while green, and brought to our markets from the surrounding country, in great quantities. It is boiled in the husk, and carried about the streets in pails and large bowls, with a little salt, and sold for a penny an ear, principally by colored women, one of whom sings the following:

"You who have money, (alas! I have none,)
"Come buy my lilly white corn, and let me go home."

RADISHES!

"Radishes! Any Radishes! Here's your fine Radishes!"

Radishes! Radishes!
I hold them to view,
Turnip or carrot form,
As fine as e'er grew.

In the Spring, we have the above cry along our streets, by children and women, who buy them of the gardeners, and for one cent a bunch profit, will trudge about the streets of New-York, with a large long basket hanging on their arms, full of Radishes. They sell six radishes to a bunch, and sixpence will buy one to six of these bunches. They are esteemed an excellent relish at tea, and afford business for children most of the summer season. The gardeners cultivate them, early in the spring, in hot-houses, as they do many other plants for the New-York market.

MATCHES!

"Will you want any Matches to-day?
Twenty bunches for 6d."

Fine Matches! good Matches!
Will you please to have any,
In pity do take some,
Three bunches a penny.

To sell matches, is the employment of women and children, who make a few pence honestly, by slitting pine or cedar sticks, or procuring long thin shavings, the ends of which they dip in brimstone, which, when touched by a spark, will blaze directly.—Though a small matter, it is a great convenience to house-keepers.

This is a very humble business, but it is not to be despised on that account: better by far, thus honestly to earn a dinner of bread and cheese, than to ride in one's carriage with the gains of dishonesty or oppression.

RADISHES!

"Radishes! Any Radishes! Here's your fine Radishes!"

Radishes! Radishes!
I hold them to view,
Turnip or carrot form,
As fine as e'er grew.

In the Spring, we have the above cry along our streets, by children and women, who buy them of the gardeners, and for one cent a bunch profit, will trudge about the streets of New-York, with a large long basket hanging on their arms, full of Radishes. They sell six radishes to a bunch, and sixpence will buy one to six of these bunches. They are esteemed an excellent relish at tea, and afford business for children most of the summer season. The gardeners cultivate them, early in the spring, in hot-houses, as they do many other plants for the New-York market.

MATCHES!

"Will you want any Matches to-day?
Twenty bunches for 6d."

Fine Matches! good Matches!
  Will you please to have any,
  In pity do take some,
  Three bunches a penny.

  To sell matches, is the employment of women and children, who make a few pence honestly, by slitting pine or cedar sticks, or procuring long thin shavings, the ends of which they dip in brimstone, which, when touched by a spark, will blaze directly.—Though a small matter, it is a great convenience to house-keepers.

  This is a very humble business, but it is not to be despised on that account: better by far, thus honestly to earn a dinner of bread and cheese, than to ride in one's carriage with the gains of dishonesty or oppression.

ORANGES!

"Any Oranges to-day?"
Here's fine sweet Oranges,
　Rich flowing with juice,
Just arrived from abroad,
　Ripe and ready for use.

At the corners of our principal streets, and at the ferries, we may see people with long baskets on their arms, full of fine yellow oranges, offering them for sale to the passengers for from 2 to 6 cents apiece. Many a one find their way to the girls and boys in the country, who always esteem them a fine present. They grow in the West Indies, and in the Floridas, and may be had in New-York at all seasons. One is strongly inclined to buy this delicious fruit, as we pass along Chatham-street or Broadway, where may be seen rows of Orangemen, especially before St. Paul's Church.

SWEEP O!

"Sweep O! Patent Sweep! Here's your Patent Sweeps!"

Sweep, for your soot, ho,
 I am the man,
That your chimney will clean,
 If any one can.

To guard agianst fires the people of New-York are obliged by law to have their chimneys swept once a month. To do this, boys are employed, who with brush and scraper will climb up the chimney, clump a-clump as they go, and when at the top they sing their chimney song, then down they come, scraping the way, all covered with soot. There are now machines used in New-York, which in time, it is hoped, will relieve the boys of the hard and some times fatal business of sweeping chimnies. They consist of long stiff wires, with brushes and scrapers at the end.

STRAWBERRIES!

"Strawberries! Here's Strawberries!"

Fine ripe Strawberries,
    And hautboy's so fine,
They have a good relish
    With sweet cream or wine.

Many a sixpence is picked up in New-York, by the sale of this delicious fruit. They are brought to market in small baskets, which hold nearly a pint, and sell from 5 to 15 cents a basket. You may see men, women, and children, some with long poles, one in each hand, strung full of those little baskets of strawberries, travelling up and down the streets of New-York, crying as described above. Our markets, in the season of them, are well stocked with this savory fruit, which is eagerly bought up by the citizens.

CLAMS! CLAMS!

"Here's your fine Rockaway Clams! Here they G-O!"

Fine Rockaway Clams,
Just out of the boat,
Buy a few hundred,
They're an excellent lot.

In the summer months, when it is not lawful to sell oysters in New York, we have clams in abundance, brought to our doors, by people in carts, much in the manner as we see in the cut. The price is from 25 to $62\frac{1}{2}$ cents per hundred. They catch them principally on the shores of Long Island, in the Bays of Amboy and Flushing, and Shrewsbury Rivers.

Such is the demand for Clams and Oysters, that laws have been passed to preserve their growth; and the benefit derived from the sale of the right to fish for them, affords a revenue to individuals.

LOCKS OR KEYS!

"Any Locks to repair? Or Keys to be fitted?"

Do you want any Locks
  Put in goodly repair?
Or any keys fitted,
  To turn true as a hair.

This man may be seen with a large iron ring, on which is strung a great many old keys of various sizes, going about the streets of New-York, soliciting custom in the way we observe in the cut. He has with him different tools, and is ready to repair Locks, or fit Keys where they may be broken or lost.—What a pity it is people are not all honest; then we should have no occasion either for locks, keys, bars or bolts. But alas! such is the depravity of man, that with the aid of all these, and a great many watchmen besides, our citizens are often robbed.

CHARCOAL! CHARCOAL!

Maple, Nutwood, Chesnut Coal,
  With Ash and Pine—all kinds!
Just brought from Jersey, burnt with care,
  I'm sure I'll suit your minds.

These noisy men are heard summer and winter, loudly crying COAL, COAL, C-H-A-R-C-O-A-L! C-H-A-R-C-O-A-L! "*Hard Coal, from the Jersey mountains!*" They sell a barrel full for 50 to 62½ cents. From the vessels it can be bought from 25 to 37½ cents per tub of three bushels. Charcoal is now much used by housekeepers in various ways of cooking, and also to start the stone-coal fires in winter. Various kinds of mechanics also consume great quantities of it. So that many an industrious man obtains his living by peddling charcoal about the streets of New-York, as you see above.

APPENDIX.

CITY HALL, PARK.

The City Hall is the most prominent building in New-York. It is said to be the handsomest structure in the United States; perhaps, of its size, in the world. This chaste and beautiful edifice stands near the upper end of the Park, and it is seen to considerable advantage from almost every quarter. The building is of a square form, two stories in height, besides a basement story. It has a wing at each end. From the cupola, we have a fine view of the city, North and East rivers, the Bay, Jersey Shore, Brooklyn, and a part of Long-Island and Sound. Strangers are attracted to examine this magnificent structure, and they find in the keeper a ready guide to its numerous rooms, which are appropriated to various public purposes. The Common Council Room is large, and very righly furnished, and ornamented with full length portraits of Washington, Hamilton, Clinton, and Lewis. Here the Mayor, Recorder, and Aldermen, meet to regulate the affairs of the city. The Governor's Room, containing the portraits of several distinguished men, is in the second story, in the middle of the building, from whence we can walk on a platform in front, and have a fine view of the Park, and adjoining houses in Broadway and Chatham-street. Other rooms are appropriated to divers courts of justice. During the year 1834—6, a large handsome building in the style of Egyptian architecture, was erected in Centre-street, a short distance from the Park, for the accommodation of the Courts of Justice, Grand Jury, and the Police Office, &c. Executions for capital offences take place in the yard enclosed within the high walls of the building, where a temporary gallows is erected for the purpose. A Court of Sessions, which sets monthly for the trial of those who break the peace of society, occupies a room in this building. The Recorder and two Aldermen take their seats upon the bench. The clerk and officers of the court are in front, with a large table for the lawyers and witnesses. In a box which is a little elevated, the criminal is placed. On the left hand of the judges are rows of benches for the jurors. The usual forms having been gone through, the court opens, and then the District Attorney, in a loud voice, says to the High Constable, "Put A. B. (naming the culprit) to the bar!" Then away go two or more constables to the far end of the room, in each of the corners of which are two iron railing grates, one for men, and one for women, in which the prisoners are put, and taken out, as the District Attorney calls for them. The constables unlock the massive doors, and lead the unhappy person to the box, before the judges. Here he is, exposed to the gaze of judges, lawyers, jurors, and a multitude of others, enough of itself, one would think, to terrify evil doers. The trial now begins; a number of witnesses give in their testimony; the lawyers sum up the evidence, and plead the cause, one on one side and another on the other side of the question. Sometimes the trial lasts for many hours, nay, often as many days; sometimes it is soon ended, when the jurors retire to an adjoining room, and comparing their judgments in the matter, and having all agreed upon a verdict, return, marching in Indian file, and with solemn countenances, to resume their seats. What an anxious time to the prisoner! How he trembles in breathless anxiety! A solemn stillness pervades the whole room! All eyes are fixed upon the foreman of the jury, when he is called upon by the clerk, as follows: "What do you say, gentlemen; do you find the prisoner guilty, or not guilty?" If guilty, the prisoner is remanded back to his prison of bars and bolts; and when the term of the court is ended, he with others who may have been found guilty, are all called up before the judges to receive their sentences, some to the House of Refuge, and others to the Penitentiary or State Prison.

Now all this we print here, to let young people see the consequences of transgressing. Vice will surely be punished:—Who then would do a wrong act! "How can I do this evil," said Joseph, "and sin against God?" And how can children, who become wicked by lying, stealing, and other vices, ever expect to escape punishment! Did you but once seriously consider the pain and aching hearts you give to your parents or guardians, and even to the jurors and judges, who find themselves reluctantly obliged to punish offenders, you certainly would, if not entirely lost to every sense of duty, at least pause and think what you are doing!

THE WATER CRESS GIRL.

Oh! look at that poor little girl,
    So ragged, 'tis shocking to see,
All shivering and dripping with wet,
    How thankful then ought I to be.

That I am not like that poor child,
    Oblig'd to earn all that I eat;
And if I could not sell my cress,
    Be scolded, be starved, and be beat.

My parents are always so kind,
    I have every thing I require;
A good bed to rest on at night,
    And when cold in the day, a good fire.

SPAN
133.25
GIE

Y0-CKM-285

FEB 2 0 2015

DATE DUE

MAR 3 0 2015			
			PRINTED IN U.S.A.

LIMPIEZA DE PIEDRAS

Michael Gienger

LIMPIEZA DE PIEDRAS

Purificar

Recargar

Proteger

Cómo conseguir que las piedras curativas tengan un mayor efecto

EDAF

www.edaf.net

MADRID - MÉXICO - BUENOS AIRES - SAN JUAN - SANTIAGO - MIAMI

2010

Título original: Reinigen Aufladen Schützen

© De la traducción: Francisco Javier Rueda Laorda
© 2010. De esta edición Editorial EDAF, S. L.
© Neue Erde Gmbh, Saarbrücken 2008

Diseño de cubierta: Departamento editorial

EDAF, S. L.
Jorge Juan, 68. 28009 Madrid
http://www.edaf.net
edaf@edaf.net

Ediciones-Distribuciones Antonio Fossati, S. A. de C. V.
Cerrada General Cándido Aguilar, 2; Col. San Andrés Atuto
Naucalpan Edo. de México
C. P. 53500 México D. F.
Tfno. sin costo: 01(800)5573733
edafmex@edaf.net

Edaf del Plata, S. A.
Chile, 2222
1227 Buenos Aires (Argentina)
edafdelplata@edaf.net

Edaf Antillas, Inc.
Av. J. T. Piñero, 1594 - Caparra Terrace (00921-1413)
San Juan, Puerto Rico
edafantillas@edaf.net

Edaf Antillas
247 S. E. First Street
Miami, FL 33131
edafantillas@edaf.net

Edaf Chile, S. A.
Coyancura, 2270, oficina 914. Providencia
Santiago, Chile
edafchile@edaf.net

Queda prohibida, salvo excepción prevista en la ley, cualquier forma de reproducción, distribución, comunicación pública y transformación de esta obra sin contar con la autorización de los titulares de la propiedad intelectual. La infracción de los derechos mencionados puede ser constitutiva de delito contra la propiedad intelectual (art. 270 y siguientes del Código Penal). El centro Español de Derechos Reprográficos (CEDRO) vela por el respeto de los citados derechos.

Octubre de 2010

ISBN: 978-84-414-2544-6
Depósito legal: M. 40.917-2010

IMPRESO EN ESPAÑA   PRINTED IN SPAIN

Anzos S. L. - Fuenlabrada (Madrid)

Índice

El tratamiento seguro con piedras curativas	11
¿Cómo se generan las «contaminaciones»?	14

El lastre invisible • Informaciones • Adherencias •
Purificación

Lavar y purificar	23

Contaminación y alteraciones • Purificar y lavar •
La loción limpiadora • La limpieza de joyas

Descargar	32

La energía como transmisora de información
• Descarga de la energía • ¿Descargar sobre
hematites? • ¿Descargar en el frigorífico?

Purificar	36

Información sobre la transitoriedad • Purificación sobre
amatista • Purificación en sal • Purificación a la luz del sol •
Sahumerios y cuencos tibetanos • El ritual de la purificación

La ceremonia de la purificación	49

Preparación • Concentración • Ceremonia • Finalización

Recargar	58

Fortalecer y despertar • Métodos tradicionales •
Métodos modernos • Recarga con la luz solar •
Recargar las piedras con la luz de la luna • Recargar
sobre cristal de roca • Consejo final

Otros cuidados	68

Respeto y admiración • Alteraciones de las piedras
• Agua en las piedras • Conservación

Protección y depuración 76
El flujo de información en el hombre • Eliminación de trastornos • Protección mediante piedras curativas • Adherencias en determinados espacios • Depuración de espacios • Lámparas de sal gema • Mezcla de depuración y protección • Sistemas autorreguladores

Anexo 91
El autor • Agradecimientos • Fotografías • Nota de la editorial

El tratamiento seguro con piedras curativas

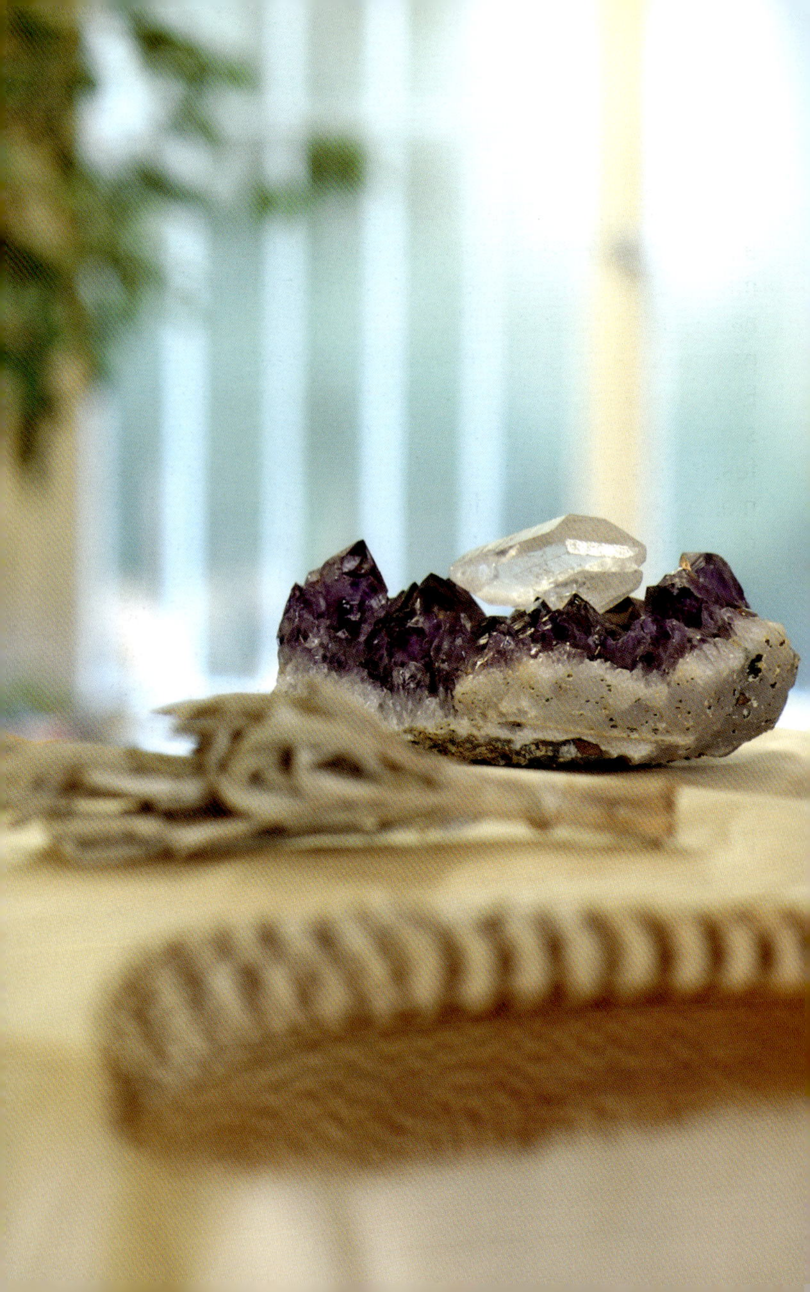

El tratamiento seguro con piedras curativas

Ocurrió un fenómeno que nadie hubiera imaginado: le cedí a un amigo mío un heliotropo que en numerosas ocasiones me había sido muy útil cuando había estado resfriado. Apenas recuerdo la razón por la que le di la piedra a mi amigo, pero lo que nunca olvidaré fue el efecto que desencadenó. En el momento en el que se colgó la piedra alrededor de su cuello prendida de una cinta de cuero, comenzó a manifestar síntomas de enfriamiento. La reacción fue prácticamente inmediata, pero afortunadamente a él se le ocurrió desprenderse de la piedra al instante. Sorprendentemente, los síntomas de enfriamiento desaparecieron tan rápido como habían aparecido. Este acontecimiento despertó nuestra curiosidad: tan pronto se colocaba la piedra, los síntomas se manifestaban; en cuanto se la quitaba, los síntomas se disipaban. Este hecho se repitió en unas cuantas ocasiones. Como era de esperar, finalmente decidió desprenderse de la piedra y me dirigió inevitablemente la siguiente pregunta: «Pero por amor de Dios, ¿qué piedra me has dado?».

Yo no sabía qué responderle. ¿Qué ocurría realmente con esa piedra? Se suponía que el heliotropo era una piedra que ayudaba a aliviar los síntomas de un resfriado. ¿Cómo podía explicar que en lugar de aliviarlos los desencadenara? ¿Acaso ocurriría como en la homeopatía, donde un medicamento provoca los síntomas de la enfermedad en personas sanas y los elimina en una persona enferma? Esa piedra en concreto debía tener algo que no tenían otros heliotropos. Yo recordaba perfectamente los catarros que había logrado curar con esa piedra, pero mi memoria no parecía ayudarme demasiado. Seguramente la piedra había memorizado «información sobre la enfermedad». La cuestión importante era averiguar cómo podíamos eliminar esa información.

Comencé a investigar y me quedé muy sorprendido de la cantidad de fuentes que encontré relacionadas con el tema «Almacenamiento y eliminación de informaciones sutiles». Este tema se conoce desde tiempos ancestrales y es fácil encontrarnos continuamente con los mismos consejos para eliminar «informaciones» no deseadas. Los sahumerios, junto con las purificaciones realizadas con sal, son considerados mundialmente como el medio más utilizado, y ocupan en el «Diccionario de las supersticiones alemanas»*, un diccionario de uso popular, nada más y nada menos que diez páginas. Al mismo tiempo, a mediados de los años ochenta me topé con las tradiciones verbales de chamanes norteamericanos, que recomendaban expresamente la colocación de cristales sobre drusas de amatista para su sutil purificación.

Todo esto se experimentó muy rápidamente: en enfermedades intensivas las piedras curativas fueron objeto de ensayo en personas sensibles, que experimentaron en su mayor parte sensaciones desagradables. Naturalmente, yo me mostré bastante escéptico con respecto al hecho de mezclar en este proceso piedras «sin poderes curativos», aunque para mi asombro, estas se percibieron como

---

* Hans Bächtold-Stäubli: "Handwörterbuch des deutschen Aberglaubens" (Diccionario de las supersticiones alemanas), Walter de Gruyter, Berlín, 1987 (reimpresión de la edición original de 1936).

«neutras». Las piedras obviamente «contaminadas» fueron sometidas entonces a los métodos más diversos: espolvoreadas con sal, ahumadas, colocadas sobre drusas de amatista… Para nuestro asombro pudimos comprobar que ya no desencadenaron ni sensaciones desagradables ni ningún síntoma patológico. Incluso el heliotropo citado al principio volvía a estar «limpio».

Desde entonces la «purificación de las piedras» constituye uno de los requisitos más importantes para llevar a cabo un manejo seguro y meticuloso de las piedras curativas. Los «efectos secundarios» adversos pueden reducirse claramente y el éxito de las aplicaciones de la gemoterapia se vuelven más fiables. Aplicado también a las personas, de nuestra experiencia se desprendieron interesantes conocimientos relacionados con el tema «Purificación y Protección», sobre los cuales pretende relatar este pequeño librito.

Tubinga, primavera de 2008
Michael Gienger

¿Cómo se generan las «contaminaciones»?

El lastre invisible

¿Ha tenido alguna vez esta sensación?: contempla una piedra preciosa, pero cuando la toma entre sus manos percibe una sensación «extraña». O se pone de nuevo uno de sus collares favoritos de piedras y después de un rato nota que este le pesa como si fuera de auténtico plomo e incluso le resulta incómodo en el cuello. Lo que usted está experimentando es el «lastre invisible» que impregna a muchos objetos. Pero ¿en qué consiste realmente?

El «lastre invisible» es sencillamente «información» recibida y almacenada. La recepción y el procesamiento de información no son en sí nada negativo, pero si comienza a incomodarnos o a molestarnos es cuando la percibimos como un auténtico «lastre». Si no es este el caso, la información tan solo está ahí…

La experiencia que tuve en relación con este hecho y que más me impresionó, fue con un ámbar de la Prusia Oriental procedente de una antigua colección. La primera vez que tomé la piedra entre mis manos tuve el incontrolable impulso de cerrar los ojos. En ese mismo momento comencé a visualizar un paisaje de agitados campos de trigo. Resumí mis sensaciones en palabras para las personas allí presentes y cuando abrí de nuevo los ojos me encontré ante una mujer anciana con los ojos enjuagados en lágrimas que me decía: «¡Acaba usted de describir mi patria con unas palabras muy bellas!». Ella procedía de Prusia Oriental y había reconocido el lugar que yo había descrito sin que yo hubiera estado nunca en aquella región. Eso significaba que aquellas imágenes solo podían estar contenidas en el ámbar. Aquella experiencia me conmovió de tal forma que desde entonces sentí un deseo muy fuerte de conocer el Báltico; «casualmente» cayó en mis manos el libro *El mosquito en el ámbar* (una novela prusiana).

En este caso no resultaría adecuado hablar de un «lastre» o de una «contaminación», ya que la información que me transmitió el ámbar me conmovió de forma positiva y me sirvió de inspiración. Sin embargo, nos estamos refiriendo a las dos caras de una misma moneda: cuando encontramos información placentera y que nos inspira de forma positiva, nos atrae. Si ocurre el caso contrario, es decir, si nos topamos con informaciones que suponen un lastre y que nos resultan nocivas tendemos a rechazarlas. Hay que tener en cuenta que la valoración de que algo nos parezca «atrayente» o que nos provoque «rechazo» ¡la hacemos únicamente nosotros mismos! Tengamos en cuenta, por ejemplo, la música (que también puede ser considerada una forma de «información»): la música que a uno le agrada a otra persona puede que le ponga los pelos de punta...

Al igual que podemos apagar la música que no nos gusta (si procede de un aparato de radio propio, claro), de la misma forma podemos eliminar informaciones desagradables de las piedras siempre y cuando no se trate de «informaciones propias» de la piedra como su color, calidad, estructura y formación. Estas propiedades pertenecen inexorablemente a ella y no pueden ser eliminadas. Pero ¿qué entendemos exactamente por «informaciones»?

Informaciones

Para entender mejor lo que es en realidad una información podemos tomar como ejemplo a los pensamientos: los pensamientos no son materiales (no se pueden «tocar») y tampoco pueden ser considerados una energía física (no existe ningún aparato que pueda medirlos). Sin embargo, los pensamientos pueden ser percibidos e intercambiados. ¿No les ha ocurrido nunca el hecho de haber tenido un determinado pensamiento y que en ese mismo momento otra persona lo haya expresado?

Las informaciones son ideas y conceptos que tiene nuestra mente, es decir, ideas acerca de «cómo es algo» o de «cómo funciona algo». Filósofos de la Antigüedad como Sócrates, Platón y Aristóteles defendían el concepto del «mundo de las ideas» que se encontraba detrás del «mundo de las manifestaciones». La naturaleza se organiza globalmente a través de un continuo intercambio de «informaciones». Sonidos, imágenes o incluso pensamientos son «informaciones» que nosotros mismos creamos o percibimos y continuamos transmitiendo. Asimismo[1], la materia es formada y esculpida por medio de informaciones, como demuestran las investigaciones de Rupert Sheldrakes.

La información es, por lo tanto, algo más bien puramente espiritual, en lugar de una energía o de algo material. Se tiende a equiparar la energía con la información y, sin embargo, se trata de dos cosas totalmente diferentes. Lo mejor es intentar explicarlo a través del ejemplo de una emisora de radio: una emisora emite energía en una determinada frecuencia, y para poder escucharla debemos sintonizar esa misma frecuencia a la que es emitida (a tantos megahercios). De esta forma conseguimos establecer conexión energética a través de la «resonancia» (vibración a la misma frecuencia). A partir de ahora podemos recibir informaciones que la emisora nos transmite en forma de modulaciones (cambios en la intensidad o interrupciones) que transporta su energía de emisión. Lo que finalmente escuchamos a través de la radio no es la frecuencia de la emisora en sí (lo que sería siempre un mismo tono), sino la información que es transportada sobre esa frecuencia y que llega a nosotros como si se tratara de un «jinete sobre su caballo».

Podemos deducir pues que la información es almacenada en forma de energía y que puede ser leída a partir de esa energía (por ejemplo, a través de la radio, televisión, teléfono móvil, etc…). Pero lo que llega a nosotros, lo que nosotros percibimos y procesamos, no es la frecuencia portadora, sino la información ya modulada. De forma similar se puede explicar el caso del almacenamiento material de información. Las letras que nosotros leemos, no son otra cosa que meras partículas negras sobre un papel blan-

---

[1] Rupert Sheldrake, *La memoria de la naturaleza* ("Das Gedächtnis der Natur"), Scherz, Múnich, 1988.

co. Lo que recibimos y procesamos no son ni el papel, ni la impresión de tinta (espero al menos que ¡no engullan este librito!), sino la información que en ellos hay «almacenada».

Adherencias

De esta manera es como pueden «adherirse» las informaciones a la energía o a la materia, sin convertirse necesariamente en esa energía o materia. Sin embargo, esta «información adherida» puede transformar el fundamento propio. Así se explica cómo una hoja de papel impresa pueda hacernos reír (¡siempre y cuando usted la lea y no se la meriende!) o inducirnos a sentir una profunda tristeza (hay novelas que deberían imprimirlas directamente sobre pañuelos de papel), lo cual no es posible que consiga una hoja blanca de papel sin más y con esa intensidad. Por tanto, podemos afirmar que la información adherida puede superponerse y cambiar de forma importante las propiedades básicas del medio transmisor.

Esta sensación la experimentamos diariamente. En el arte de curar de las piedras ocurre precisamente cuando de repente percibimos algo «muy diferente» al tocar una piedra preciosa. Una sensación, un sentimiento, una percepción, una inspiración, una idea... Esto se puede referir a una parte propia de la piedra, pues también el color, la calidad, la estructura y la formación de la piedra pueden transmitirse como informaciones perceptibles aunque cabe la posibilidad de que se trate de algo que sencillamente se ha «adherido» y que en realidad no tiene nada que ver con la propia piedra. Algo parecido ocurre con el agua, en el que influencias externas pueden manifestarse en su movimiento, durante el proceso de secado o congelación[2], así también pueden quedarse «adheridos» pensamientos, sentimientos, estados de ánimo o incluso «informaciones sobre enfermedades» a la energía o materia de la piedra y permanecer así unidos a ella.

Las formas de los cristales del agua ponen de manifiesto la información en el agua: aquí vemos el mismo agua, pero que representa las «cuatro estaciones del año» al igual que lo hizo Vivaldi (de izquierda a derecha: primavera, verano, otoño e invierno). La información altera la forma, pero la materia y la energía son las mismas[3].

¡Las informaciones que han sido almacenadas en las piedras son perfectamente perceptibles! De esta manera pode-

---

[2] Véase M. Gienger, J. Goebel, *Edelsteinwasser*, Neue Erde, Saarbrücken, 2006.

[3] Fotos tomadas de libro de Masaru Emoto, *Die Antwort des Wassers*, tomo 1, Editorial KOHA, Burgrain, 2002.

mos percibir si el tallador de la piedra, esa persona que la ha trabajado, tenía un buen día en ese momento o no. O si la persona que llevó esa piedra anteriormente era una persona sana o enfermiza. Los chamanes indios llaman a las piedras «captadores de energía», ya que las piedras suelen almacenar con facilidad ese tipo de informaciones y lo hacen además (en comparación con el agua) durante largo tiempo. Los chamanes califican concretamente a los cristales de cuarzo como «las neuronas de la tierra».

Purificación

Estas informaciones procedentes del exterior y que se «adhieren» a las piedras, pueden convertirse en un «lastre invisible» en el caso de que despierten en nosotros sensaciones y reacciones desagradables o que se manifiesten en forma de síntomas de enfermedades que puedan alterar o afectar nuestras funciones físicas o mentales.

En estos casos existen métodos para «purificar», para limpiar las piedras liberándolas de ese «lastre invisible». En las páginas siguientes encontrará diferentes procesos utilizados para la «purificación» de las piedras, los cuales han sido probados en múltiples ocasiones y que resultan muy eficaces. Tómese en serio el cuidado de sus piedras con el fin de que éstas le puedan transmitir además de una satisfacción, una sensación de bienestar.

Purificar

Lavar y purificar

Antes de centrarnos en la «purificación etérea» vamos a detenernos brevemente en la «purificación material». No solamente las piedras que son utilizadas para el masaje, las cuales por razones de higiene deben ser limpiadas de restos de aceite, sudor o partículas de piel, sino también joyas o piedras que son llevadas exteriormente, es conveniente que sean lavadas y purificadas regularmente.

Contaminación y alteraciones

El contacto con el sudor o la grasa corporal, así como el contacto con la humedad del aire y el oxígeno pueden inducir a alteraciones en la superficie de algunas piedras. Se pueden producir sedimentaciones (grasa de la piel), concretamente en las joyas o en las piedras que son porosas y que por ello tienen tendencia a absorber del exterior partículas extrañas; pueden tener lugar transformaciones en la superficie (por medio de sudor, humedad del aire u oxígeno) y pueden perderse incluso la cera o el aceite con los que la piedra había sido tratada para conseguir un mayor brillo y una mayor transparencia.

Todos estos factores externos pueden producir alteraciones en las piedras. Su brillo puede verse apagado (por ejemplo, en la amatista), su superficie puede volverse mate (por ejemplo, en la malaquita), pueden perder color (como por ejemplo, la purpurita), aleaciones de metales (sobre todo, la plata) pueden verse empañados, etc. Estas alteraciones trastocan la belleza de la piedra de forma importante, lo cual puede inducir de nuevo un cambio en el concepto interno que nosotros adoptamos respecto a esa piedra, pues finalmente somos nosotros mismos los que decidimos qué es lo que nos gusta o no de la piedra.

Desde un punto de vista objetivo podemos afirmar que los poderes curativos de una piedra apenas se verán alterados debido a la pérdida superficial de su transparencia, brillo o color. Pero sí que es verdad que una piedra que pierde parte de su belleza ya no nos atrae tanto y tendemos a llevarla en menos ocasiones, lo que mermará su efecto en nosotros de forma considerable.

Por lo tanto, el proceso de lavado y purificación no es «solo» una cuestión de estética o de higiene, sino que puede considerarse como la renovación y mejora cotidiana del buen concepto que suscita en nosotros la piedra.

Se puede dar el caso de que ciertas alteraciones en las piedras resulten irreversibles, a pesar de haber sido purificadas o lavadas, como por ejemplo alteraciones en la superficie producidas por alguna transformación química. Algunos cambios se pueden ver incluso reforzados a través del lavado, como es el caso de que una piedra se vuelva mate después de quitarle el aceite o la cera que la recubre.

En estos casos debe comprobar que no se pierda la eficacia de la piedra. ¡La afirmación de que estas piedras se convertirían en algo inútil o poco valioso no es para nada cierta! Piense en los beneficios que le ha aportado la piedra durante el tiempo que la ha llevado (bien como joya o como piedra curativa) —y que solo por esa razón merecen seguir siendo conservadas y cuidadas.

Purificar y lavar

En los siguientes casos las piedras curativas deben ser purificadas intensamente y si es necesario lavadas:

- Piedras recién compradas antes de ser utilizadas por primera vez.

Limpieza mecánica.   *Desinfección.*

- Piedras cuya superficie se ha visto seriamente alterada o está visiblemente sucia.
- Piedras utilizadas para el masaje o que han sido llevadas durante un periodo de tiempo prolongado.
- Piedras que nos han prestado y que han sido utilizadas en casos de enfermedad.

La limpieza mecánica a través de un lavado exhaustivo y si fuera necesario con la ayuda de un cepillo, sería el primer paso para conseguir que la piedra quede totalmente limpia.

¡En el caso de una gran contaminación o suciedad aplique también un producto biológico de limpieza, como por ejemplo la loción limpiadora que describimos a continuación, o un producto especializado en el cuidado y limpieza de joyas! ¡Una vez aplicado el producto, la piedra deberá aclararse bien bajo un chorro de agua tibia!

Tenga especial cuidado para respetar la sensibilidad de la piedra cuando utilice un cepillo o la esté lavando. Las filigranas y los minerales quebradizos deben ser limpiados con mucho cuidado y es aconsejable utilizar un pincel fino. En el caso de piedras solubles en agua no debemos utilizar agua ni lavarlas.

Entre los minerales solubles en agua más conocidos por su efecto curativo se encuentran: la alunita (alumbre), la calcantita, la halita y la ulexita. Sensibles al agua y a soluciones acuosas son también la purpurita, la pirita, la galena y otros sulfuros. En el caso de los ópalos nobles es aconsejable evitar muchos productos de limpieza, ya que estos pueden alterar el contenido en agua del mineral, que tiene gran importancia en el proceso de opalización.

Después de purificar y lavar las piedras las podemos desinfectar con alcohol, lo cual resulta especialmente razonable antes de fijarlas como agua de piedras preciosas[4] o como prevención higiénica antes de aplicarlas en un masaje. Lo mejor es limpiarlas con un paño empapado en alcohol y después aclararlas bajo un chorro de agua. Pero debemos tener en cuenta que el hecho de aplicarles alcohol de alta graduación de forma continuada podría dañar algunas piedras. ¡Las piedras solubles en agua anteriormente mencionadas o minerales sensibles también deben ser excluidos de esta desinfección realizada con alcohol!

La loción limpiadora

Para limpiar y purificar minuciosamente minerales utilizados en terapias y en masajes Monika Grundmann, la fundadora de la «*Edelstein-Balance*» («Joya-Balance»)[5], ha desarrollado una loción limpiadora profundamente eficaz y energéticamente equilibrada. Durante mucho tiempo buscó crear, como cosmetista y masajista con minerales, un método de limpieza lo más completo posible para ella

---

[4] M. Gienger, J. Goebel, *Edelsteinwasser*, Neue Erde, 2006.

[5] Véase también Monika Grundmann, *Schönheit durch Berühren* (Belleza a través de la caricia), Neue Erde, Saarbrücken, 2006; así como www.edelstein-balance.de

misma y para su material de trabajo. Deben ser consideradas de igual importancia tanto la limpieza física como la higiene espiritual. La meta que ella perseguía se basaba en conseguir una forma de refrescar y purificar a todos los niveles.

Finalmente creó una loción altamente eficaz a base de jabón biológico de coco, indicado para la limpieza física, al igual que de aceites esenciales con componentes como la naranja y el incienso para una limpieza, desinfección y refresco espiritual, así como una esencia de amatista espagírica para la purificación de la mente. El resultado final fue una loción completa muy eficaz y de aplicación extensa que se puede utilizar para la higiene personal y como «bálsamo espiritual», así como para la limpieza de joyas, camillas de masaje o lugares de consulta, etc.

Esta loción resulta especialmente eficaz en el caso de piedras que son utilizadas en masajes o en tratamientos corporales en general, así como en piedras curativas que son aplicadas con mucha frecuencia. Se ha comprobado, además, que muchas informaciones extrañas que almacenan los minerales se eliminan a través de la esencia de incienso y de amatista.

Indicaciones importantes para el uso de la loción limpiadora:
- **Área de aplicación:** piedras utilizadas en masajes, piedras curativas con contacto corporal, recintos de consulta y utensilios de trabajo, así como en tratamientos de cuerpo totales.

- **Aplicación:** se aplica de igual forma que cualquier jabón o producto convencional de limpieza.
- **No está indicado para:** minerales muy sensibles, piedras solubles en agua (calcantita, halita, etc.) ni para collares de piedras, pues el hilo que une las piedras puede resultar dañado o incluso cortado.

La limpieza de joyas

La limpieza de joyas es especialmente importante cuando se deposita suciedad o grasa corporal en los engarces de la pieza aunque por otro lado esta limpieza resulta difícil cuando la piedra y el engarce difieren en su sensibilidad. Por esta razón, algunas turquesas no sobreviven a un baño de inmersión en plata y algunos engarces de plata se empañan con mayor facilidad cuando se limpian con agua o con ciertos productos de limpieza. En estos casos se aconseja tener especial cuidado y recurrir a la ayuda de expertos (joyeros, orfebres) que en ocasiones hacen uso de aparatos de limpieza por ultrasonidos o similares, que no suelen utilizarse habitualmente en los hogares.

En casos menos complicados las joyas se pueden limpiar sin recurrir a personas expertas. En tiendas especializadas podemos encontrar toda una serie de productos de limpieza, entre los que cabe destacar la presencia de dos productos de la firma Sambol que están especialmente indicados en la limpieza de joyas compuestas por piedras engarzadas, así como de metales nobles, cuya eficacia ha sido probada y que si son utilizados siguiendo la indicaciones adjuntas resultan totalmente inocuos:

Schmuckwäsche (lavado de joyas): El Schmuckwäsche es un producto de limpieza suave que es capaz de quitar tanto restos de grasa o manchas en la ropa originadas como consecuencia de haber llevado colgadas las joyas o piedras, así como restos de pastas o masillas utilizadas en el proceso de talla o pulido de la joya. La gran ventaja que nos ofrece este producto es que está indicado para todos los tipos de joyas y que no daña piedras blandas o especialmente sensibles.

Bernsteinbad (lavado con ámbar): El lavado con ámbar de Sambol resulta de gran utilidad para lavar y eliminar el óxido en joyas de plata que se nos han empañado y además está indicado, al contrario de lo que ocurre con ciertos baños de inmersión en plata, para la limpieza de piedras blandas (¡cuidado sin embargo con el nácar!). ¡El lavado con ámbar es muy efectivo! Se aconseja sumergir las joyas con piedras muy poco tiempo en este «baño» y proceder después a un aclarado exhaustivo bajo un chorro de agua tibia, para terminar secándolo bien.

Otros productos de limpieza y mantenimiento de joyas, como baños de inmersión en plata, productos para pulir metales nobles o sprays para proteger la pieza y evitar que se empañe, los encontrará en tiendas especializadas. Pero consulten por favor con el vendedor para qué tipo de metales o piedras está indicado el producto y cómo debe utilizarse. En este librito hemos elegido tan solo dos productos de forma consciente, que sabemos que no dañan a ningún tipo de piedra si son utilizados correctamente.

> **Nociones importantes a tener en cuenta en la limpieza de joyas:**
> - **Área de aplicación:** joyas compuestas por metales nobles con o sin engarces de piedras.
> - **Aplicación:** se utilizan de la misma forma que otros jabones o productos de limpieza.
> - **No indicados para:** minerales sensibles o piedras solubles en agua (calcanita, halita, etc.), el «baño en ámbar» se puede aplicar también en la limpieza de joyas con nácar.

Después de realizar una «limpieza exterior», debemos proceder a la «limpieza interior», que se compone de dos pasos importantes: «la descarga» y la «limpieza sutil».

Descargar

La energía como transmisora de información

Las piedras absorben energía. Se calientan cuando las tomamos en nuestras manos o cuando las llevamos encima y también cuando están expuestas al sol. Una parte de esas informaciones que percibimos como «lastre invisible» está relacionada con esta energía absorbida. Cuando llevamos una piedra y estamos enfermos, esta se calienta rápidamente (aunque no tengamos fiebre). Esa energía perceptible almacena también «información sobre la enfermedad», y tanto las sensaciones corporales (dolores, síntomas de la enfermedad), como el estado de ánimo (angustia, malestar…) y los pensamientos (preocupación, reflexiones sobre la enfermedad o recuperación) pueden estar relacionados con la energía captada.

Descarga de la energía

Para poder desprender esa energía, al igual que toda la información que está relacionada con ella, las piedras deben ser descargadas regularmente. El mejor momento de hacerlo es cuando nos quitamos las piedras que llevamos (antes de irnos a dormir) o cuando comienzan a «resultarnos incómodas».

El método más adecuado de descarga consiste en el flujo de agua. El agua absorbe la energía (calor, carga estática...) y también permite que ésta fluya de nuevo hacia el exterior. Así es como conseguimos eliminar algunas de las informaciones extrañas que van unidas a esa energía.

Mantenga la piedra que quiera descargar al menos durante un minuto bajo un chorro de agua, mientras frota al mismo tiempo su superficie (siempre y cuando sea posible) enérgicamente con los dedos. Al principio sentirá dicha superficie «jabonosa», de tal manera que los dedos se resbalarán fácilmente. Poco a poco notará que se le ofrece una resistencia que irá en aumento y el movimiento sobre la superficie

> **Lo más importante a tener en cuenta en el proceso de descarga:**
> - **Aplicación:** antes de utilizar por primera vez una piedra, así como cada vez que nos la quitemos, o según lo consideremos necesario dependiendo de cuáles sean nuestras sensaciones en relación a la piedra.
> - **Duración:** al menos durante un minuto bajo un chorro de agua (tibia o fría).
> - **No está indicado para:** minerales sensibles, piedras solubles en agua (calcantita, halita, ...) ni collares de piedras.
> - **Consejo:** expire conscientemente y con fuerza con el fin de no absorber ninguna energía o información.

se verá frenado. Esta es una señal de que la piedra ha sido descargada.

Los collares de piedras deben ser limpiados y descargados únicamente con un paño húmedo, ya que sino el hilo que une las piedras puede rasgarse o cortarse. Se pasa el paño húmedo repetidas veces por el collar, consiguiendo así que las piedras se descarguen. Al final debemos lavar bien el paño y aclararnos las manos debajo de un chorro de agua. De lo contrario corremos el riesgo de absorber nosotros mismos la energía descargada.

¿Descargar sobre hematites?

Con frecuencia se recomienda descargar las piedras colocándolas sobre piedrecitas de hematites. Se ha comprobado que los hematites permiten que la energía fluya con facilidad (por esta razón la piedra se siente fría) debido a su buena conductividad. El único inconveniente sería que no resulta aplicable a una amplia variedad de tipos de piedras, en contraposición a lo que ocurre con el chorro de agua. Las piedrecitas de hematites absorben además la información y deben limpiarse igualmente. ¡Entonces no solamente tenemos que limpiar una piedra, sino muchas! Podemos deducir por lo tanto que el método de los hematites resulta insuficiente, a la vez que laborioso y costoso en comparación con el uso del flujo de agua.

¿Descargar en el frigorífico?

Otro método para descargar piedras recomendado en la literatura especializada consiste en guardar las piedras en el congelador del frigorífico. Al enfriarse la piedra en cuestión emite energía y por esa razón también se siente mucho «más fresca». Sin embargo, este efecto dura muy poco tiempo. En cuanto la piedra permanece un rato a temperatura ambiente vuelve a recuperar su estado anterior (con el correspondiente sentimiento). Lo cual demuestra que no ha sido eliminada ninguna información extraña (al contrario de lo que ocurre con el agua que sí que permite que la energía y la información unida a ella fluyan). Sucede todo lo contrario: el frío favorece la conservación de las informaciones. En algunos aparatos electrónicos debido al electrosmog, incluso se capta información adicional. Por tanto, podemos concluir que este método resulta insuficiente en su efecto final.

El método indiscutiblemente mejor para la descarga de piedras es y será el flujo de agua. Pero en la descarga solo se elimina una parte de la información extraña captada y por ello es aconsejable seguir además los siguientes pasos de purificación.

Purificar

Información sobre la transitoriedad

Solo podemos hablar de una purificación verdaderamente exhaustiva y «sutil» cuando conseguimos disipar y eliminar totalmente informaciones que se habían adherido a la piedra. Los métodos que son capaces de producir este efecto tienen todos —aun siendo métodos muy diferentes— una cosa en común: transmiten «información de la transitoriedad».

Desde el punto de vista espiritual la «transitoriedad» sería considerada como lo contrario de la «adhesión o permanencia». En el momento en el que se reconoce el carácter efímero de las cosas, no hay ya nada a lo que adherirse o agarrarse, por el contrario, se ofrece la oportunidad de liberarse y de conocer realmente lo que es la auténtica libertad.

Este reconocimiento, que nosotros los hombres podemos experimentar a través de la meditación, tiene validez obviamente a todos los niveles de nuestra existencia. Pues siempre que de alguna manera entra en juego la «información de la transitoriedad», se producen procesos de liberación y salvación. La amatista contiene esa «información de la transitoriedad» y la obtiene a través de la influencia que ejerce sobre ella la radiación radioactiva que se emite en el momento de su formación, que es además la que le confiere ese color violeta. Los sahumerios crean esa «información» a partir del proceso de quema de la sustancia que se ahuma (incienso), las cuencos tibetanos lo hacen a partir de su vibración intensiva, la cual provoca el movimiento de las estructuras y su consecuente liberación.

La sal, como producto de limpieza de acción profunda y depurativa, posee esas informaciones de diversas formas: en la sal se aúnan las informaciones de un ácido fuerte y de una base fuerte (ácido clorhídrico y sosa alcalina) ambas sustancias de gran poder disolvente. A pesar de que los iones se atraen con gran fuerza en la sal, esta se disuelve rápidamente en agua, desaparece por así decirlo, y se convierte en «nada»... Estas «informaciones de la transitoriedad» conducen finalmente a que otras informaciones se terminen liberando de su adhesión al medio que los transporta (energía o materia) y que «el contenido» que hasta ahora poseían se disipe.

En el momento de esa limpieza exhaustiva, se produce la emisión de una energía neutra o simplemente una sensación de liberación total y absoluta. Estas sensaciones indican que se ha producido una limpieza completa.

Enumeremos ahora cada uno de los métodos más importantes:

Purificación sobre amatista

La amatista consigue que nos liberemos de determinadas «adherencias». Esta sensación la experimentamos en el momento en el que la amatista nos ayuda a despojarnos de la tristeza y la preocupación y a encontrar la paz interior. O también cuando nos ayuda a dejar ciertos vicios o ambiciones y nos permite sentirnos más libres y recuperar de nuevo nuestra autoestima.

Su lema sobre la «información de limpieza» es el siguiente: «¡Termina con la ataduras y libérate de todo lo que te oprima!». Con esto se refiere tanto a nosotros mismos, cuando dependemos demasiado de algo, al igual que a aquello que se adhiere a nosotros sin querer despegarse. La amatista trae consigo la liberación y por esta razón es muy apreciada por muchas órdenes monacales y por muchas religiones. No es casualidad que adorne los anillos de algunos obispos católicos.

En animales (superación de experiencias traumáticas) y también en plantas (eliminación de parásitos) la amatista surte gran efecto, incluso en piedras: es precisamente esa información la que induce que la amatista consiga liberar a piedras de muy diversos tipos de esa información extraña que se adhiere a ellas. Debido a que produce la liberación de esa «adhesión», no resulta relevante de qué tipo de información extraña o de qué piedra se trate.

Para proceder a la limpieza con amatista debemos colocar las piedras a tratar sobre una drusa de amatista o sobre una pieza de drusa de amatista. ¿La energía que se desprende de las puntas del cristal penetra en la piedra contaminada y la irradia con la «información de limpieza», de tal manera que todas las informaciones extrañas desaparecen. Si anteriormente la piedra ha sido lavada bajo un chorro de agua, la limpieza con amatista no es necesario que se prolongue más de dos a tres horas. En el caso de no haber sido posible ese lavado previo (por ejemplo con collares de piedras), el mínimo preciso de tiempo es de ocho a doce

Lo más importante que debemos tener en cuenta en la limpieza con amatista:
- **Aplicación:** antes de ponerse por primera vez una piedra, al igual que cuando nos la quitemos ¡o según lo sintamos necesario!
- **Duración:** si ha sido descargada anteriormente, entre dos a tres horas, sino de ocho a doce horas, incluso preferiblemente durante más tiempo.
- **Indicado para:** todas las piedras, excepto ámbar.

horas. Puede durar incluso algo más, ¡aquí no es válido el concepto «demasiado tiempo»!

Purificación en sal

La sal es una sustancia cuyas propiedades purificadoras y depurativas le ha conferido a lo largo de los años un reconocimiento elevado en todas las culturas. Desde hace milenios se utiliza para repeler influjos negativos, eliminar la insatisfacción y determinadas patologías. Todo esto no es otra cosa que la liberación de informaciones «adheridas».

La sal posee esta cualidad, pues ella misma se forma a partir de un largo proceso de purificación y depuración. Además, su estructura cristalina, propia de un mineral cúbico, se caracteriza por un orden extremo, así como por una composición equilibrada: el ácido y la base se unen en la sal en una proporción 1:1, a estos factores cabe agradecer que la sal limpie de una forma mucho más exhaustiva y rápida que la amatista. La información que nos quiere transmitir es: «¡Purifícate y depúrate!» [6].

---

[6] Para obtener una información más detallada acerca de la sal consulte M. Gienger, G.Glaser, *Salz – Nahrungsmittel, Heilmittel oder Gift?* (La sal – ¿Alimento, medicina o veneno?), Neue Erde, Saarbrücken, 2003.

Para limpiar piedras de esta forma debemos colocar la piedra sobre un cristal de sal seco, sobre una sal gema o sobre sal marina. No es preciso hacer nada más, puesto que la información de la sal actúa de manera penetrante. Después de permanecer una o dos horas en la sal, las piedras se han purificado totalmente. Pero no deben estar más de tres o cuatro horas, ya que la sal podría tener un efecto energéticamente lixiviante, de tal forma que es importante que ¡si es necesario, pongan ustedes incluso una alarma que controle el tiempo de purificación!

¡Se recomienda tener mucho cuidado cuando utilicemos agua salada! En la literatura especializada se considera como un buen método de limpieza de piedras, ya que el agua salada es un depurador tan eficaz como la sal seca. Sin embargo, debemos considerar que el agua salada ataca químicamente a muchas piedras!

Las consecuencias pueden ir desde una pérdida de brillo en la superficie hasta una turbidez (cristalizaciones de sal en fisuras y poros de la piedra) pasando incluso por una porosidad elevada y una desintegración parcial de la sustancia mineral. Solo tenemos que pensar en lo que hace la sal que se esparce en invierno por las calles en nuestros automóviles… Podemos concluir que el agua salada tan solo está indicada en la limpieza de piedras duras y químicamente resistentes. Además les recomendamos tener especial cuidado con ciertas recetas que circulan en la literatura especializada que aconsejan añadir vinagre al agua salada, ya que la acidez del vinagre ¡todavía aumenta más la agresividad de la mezcla!

Debido a que el contacto directo con la sal seca conduce en algunas piedras que su superficie se vuelva roma o a que esta se seque (¡cuidado con el ópalo!), para una mayor seguridad las piedras deberían colocarse previamente en pequeños cuencos de cristal, los cuales a su vez se introducen en otros cuencos mayores con sal formando por así decirlo una «cama de sal» y que impiden el contacto directo con esta (véase la fotografía). El efecto de la sal es capaz de atravesar el cristal. También podemos cubrir con pañuelos blancos los recipientes que contienen la sal y sobre ellos colocar las piedras. De esta forma también actúa la sal de una manera lo suficientemente penetrante.

La limpieza en sal es aconsejable sobre todo cuando las informaciones extrañas se caracterizan por ser especialmente «tenaces» y no pueden eliminarse con otros métodos. Hasta ahora, tan solo el ámbar se ha mostrado resistente frente a la limpieza con sal.

Lo más importante a tener en cuenta en la limpieza con sal:
- **Aplicación:** en el caso de informaciones que se han fijado fuertemente (de tal manera que otros métodos no son efectivos)

- **Duración:** ¡una, dos o como mucho tres horas!
- **Indicado para:** todas las piedras, excepto ámbar. Como medida preventiva es aconsejable proteger las piedras del contacto directo con la sal a través de pequeños cuencos de cristal o pañuelos.

Purificación a la luz del sol

También la luz solar del mediodía, cuando el sol está más alto y brilla con mayor fuerza, tiene un efecto purificador, capaz de eliminar o borrar informaciones extrañas. Esto se debe a que esta luz posee una mayor proporción de rayos UVA. La luz matinal o del atardecer, poco antes de ponerse o de caer el sol, tiene un efecto más bien recargador, debido a su elevado número de radiaciones infrarrojas.

Este método de purificación no se puede aplicar a muchos tipos de piedras, puesto que algunas de ellas pueden empalidecer una vez expuestas directamente a la luz del sol (amatista, fluorita, cuarzo rosa, entre otras…)

o incluso llegar a desintegrarse completamente. Las piedras preciosas y los minerales se forman a partir de la profundidad, de la oscuridad de la tierra, y por esta razón el color de algunas piedras no resulta resistente frente a la fuerte influencia de la radiación solar. Pero para una piedra concreta, este método resulta el único que funciona: ¡para el ámbar!

El ámbar es una resina fósil. A su sustancia orgánica se adhieren de forma más persistente informaciones que a otras piedras «minerales». Por esta razón, los métodos en los que intervienen la amatista o la sal no son demasiado efectivos, los sahumerios y los cuencos tibetanos surten algo más de efecto, aunque tampoco resultan del todo exhaustivos. En el caso del ámbar actúa positivamente la luz del sol del mediodía, aunque es necesario dejar que actúe repetidas veces y durante tiempo prolongado para conseguir una limpieza completa. El método de purificación más apropiado en el caso del ámbar sería lavarlo primero bajo un chorro de agua y finalmente colocarlo al sol del mediodía. De esta manera conseguiremos eliminar con éxito las informaciones extrañas que puedan estar contaminándolo.

> **Lo más importante a tener en cuenta en la limpieza con luz solar:**
> - **Aplicación:** indicado especialmente para la limpieza del ámbar, así como para purificar otras piedras resistentes a la luz solar.
> - **Duración:** de tres a cuatro horas al sol del mediodía, en el caso del ámbar, incluso prolongar la exposición

más tiempo y ¡repetirla a lo largo de varios días seguidos!
- **Indicado para:** minerales con colores fuertes, propios (idiocromáticos) [7]. Los minerales que no poseen colores propios (alocromáticos) pueden palidecer.

Sahumerios y cuencos tibetanos

Los sahumerios y las vibraciones de sonido se utilizan también para eliminar informaciones «adheridas» indeseadas. En muchas culturas se hace uso de ambos métodos de forma habitual, incluso combinando ambos, con el fin de purificar de forma exhaustiva objetos, espacios, el aura y el cuerpo. Por esta razón también resultan aconsejables en la limpieza de piedras.

Determinadas hierbas, maderas y resinas poseen una propiedad altamente purificadora. Nos

---

[7] Los minerales que poseen color propio están constituidos por elementos esenciales que les confieren su color. Los minerales sin color propio adquieren dicha pigmentación a través de oligoelementos, contaminaciones, defectos en la red cristalina, electrones libres, etc. Este hecho tiene como consecuencia que estos minerales sin color propio muestran una mayor sensibilidad a los efectos de las radiaciones solares (compárese Michael Gienger, *Lexikon del Heilsteine,* Neue Erde, Saarbrücken, 2000, pág. 52).

referimos por ejemplo al incienso, resina de Dammar, Guggul (mirra hindú) y enebro, cuyo nombre significa «árbol alegre y lleno de vida».[8]

Resulta especialmente indicada para limpiar piedras una mezcla muy efectiva formada a partir de las puntas del enebro y algo de sal del Himalaya. La mezcla se espolvorea sobre un trozo de carbón de sahumar y al ser quemada produce un olor resinoso y especiado. Si colocamos las piedras sobre el humo desprendido durante dos o tres minutos se empezarán a eliminar las informaciones extrañas acumuladas. Esta mezcla purificadora ahumadora puede adquirirse en tiendas especializadas.

Los cuencos tibetanos actúan de una forma parecida sobre las piedras a purificar. Las oscilaciones de sonido intensas limpian las piedras en dos a tres minutos, cuando tocamos con cuidado el cuenco o a través de frotamiento con el bolillo consiguiendo un tono constante. El tamaño y la tonalidad del cuenco no son determinantes en su efecto. Incluso piedras de gran tamaño que necesiten una limpieza y que no quepan en un determinado cuenco pueden ser purificadas, si movemos el cuenco tibetano alrededor de la piedra numerosas veces.

---

[8] Procede del alemán antiguo «wauhal» = «lleno de vida, alegre» y «der» = «árbol». Se utilizan las puntas del árbol, es decir, del enebro.

Lo más importante a tener en cuenta en el método de limpieza a través de sahumerios y de cuencos tibetanos:
- **Aplicación:** cuando se utiliza por primera vez una piedra, o siempre que nos quitemos una piedra que llevemos encima, ¡o según lo considere necesario nuestra intuición!
- **Duración:** dos a tres minutos, ¡en el caso del ámbar o en casos de informaciones muy resistentes incluso algo más de tiempo!
- **Indicado para:** todas las piedras (en el ámbar no siempre resulta suficientemente enérgico).
- **Consejo:** ideal en combinación con un apoyo mental a través de un ritual de purificación.

El ritual de la purificación

El efecto de los sahumerios y de los cuencos tibetanos, así como en general de cualquier método de descarga o de purificación se puede intensificar y profundizar, si llevamos a cabo el proceso de limpieza conscientemente como un ritual y lo apoyamos mentalmente.

En el caso de una limpieza mental de este tipo, lo que haremos será intentar experimentar la intención y el deseo espiritual *de que todas aquellas informaciones pertenecientes a la piedra regresen a su origen o sean liberadas* en el momento de realizar el sahumerio o el toque de los cuencos, así como cuando coloquemos la piedra sobre amatista o la expongamos a la luz del sol. De esta forma también se liberarán otro tipo de adherencias resistentes más fácilmente.

En principio, las informaciones extrañas no son «malas», tan solo resultan molestas, en el caso de que perturben o bloqueen las cualidades propias de la piedra (o de otros objetos) a través de su «adherencia». Si regresan a su origen inicial o si son liberadas, serán libres para realizar cualquier otra función más útil en el universo.

Este concepto posiblemente inusual y chamanista tiene unos efectos perceptibles en el caso de la limpieza de las piedras. Haga usted la prueba y convierta la «ardua tarea» de limpiar sus piedras en un ritual consciente de liberación. ¡Observará que esto realmente beneficia a sus piedras y a usted mismo también! En el capítulo siguiente encontrará más información acerca de este ritual.

La ceremonia de la purificación

La limpieza de piedras resulta especialmente efectiva y bonita cuando se lleva a cabo en forma de una ceremonia llena de concentración y dedicación. A través de un trato cariñoso hacia las piedras y hacia el proceso de la limpieza, este adquiere una calidad muy especial.

Preparación

Antes de dar comienzo a la ceremonia debemos ordenar bien el entorno y acondicionar un lugar agradable dónde poder realizarla. Una ceremonia de purificación no funcionaría nunca en medio de un lugar caótico y desordenado…

Después de preparar el entorno debemos proceder a una higiene o limpieza personal, que puede consistir en lavarse o ducharse (¡en este caso se aconseja utilizar la loción limpiadora anteriormente mencionada!) La ropa de colores claros y cómoda, a ser posible de tejidos naturales, resulta la más apropiada. Además debemos quitarnos objetos metálicos, teléfono móvil, etc. Si no nos incomoda demasiado, podemos ir descalzos, subirnos las mangas o intentar llevar ropa de manga corta.

En cualquier caso, se debe procurar eliminar interrupciones externas: desconectar el teléfono, apagar «música machacona», y la televisión. ¡Una ceremonia requiere una concentración absoluta!

A continuación procederemos a la «prelimpieza» de las piedras, limpiándolas primeramente de forma mental y lavándolas con la loción limpiadora. Si resultara necesario podemos eliminar también la grasa de determinadas piedras, que hayan sido enceradas, con alcohol (por ejemplo para agua de piedras preciosas). Después no debemos tocar más las piedras con nuestras manos. Sería mejor moverlas con un palillo o palo de madera y transportarlas con pañuelos.

Concentración

El siguiente proceso de preparación de los utensilios de trabajo se considera ya como parte de la fase de concentración. En este momento es conveniente sentir una paz interior y una total focalización. Sería muy aconsejable realizar previamente una meditación adecuada y realizar ejercicios de atención de todo tipo puede facilitar el proceso de una manera especial.

Procedemos a preparar el siguiente material de trabajo: flores como ofrenda, agua pura (quizás procedente de un manantial especial o que incluso haya sido bendecida) provista de algo de sal cristalizada, varitas de incienso, cuencos tibetanos o campana, un recipiente para el incienso y la mezcla de purificación e incienso, así como una vela.

Todo el material debe estar bien colocado, la flores debidamente expuestas y las varas de incienso encendidas. Este primer sahumerio tiene un efecto de apoyo, eleva el nivel de energía de la habitación y prepara el marco del entorno para la siguiente ceremonia.

Ceremonia

La ceremonia comienza con el encendido focalizado de la vela. El deseo que enviemos al universo en el momento de encender la vela resultará decisivo. Podemos pedir por un apoyo en este proceso de limpieza y tratar de liberar mentalmente todas las informaciones adheridas. La purificación que vamos a llevar a cabo debe ser beneficiosa para todas aquellas personas que posteriormente entren en contacto con las piedras. El hecho de rociar con agua pura en señal de agradecimiento por todo el apoyo recibido, refuerza aún más el sentido de la ceremonia.

A continuación se extienden las piedras lavadas y previamente secadas también podemos incluir un mandala y posteriormente las sometemos al efecto del sonido vibratorio. El cuenco tibetano o la campana tintineante deben moverse lentamente sobre las piedras, de tal manera que éstas se «bañen» literalmente en el sonido.

En el recipiente de incienso incombustible encendemos ahora el carbón del sahumerio, esperamos a que se formen pequeñas brasas y espolvoreamos sobre él una cantidad del tamaño de un guisante de sahumerio de purificación. Cuando comience a formarse el humo pasamos las piedras con cuidado y lentamente sobre el mismo, o aventamos el humo sobre las piedras con, por ejemplo, una pluma.

En función a lo que nos dicten nuestros sentimientos internos concluimos la ceremonia con sonidos, cánticos o con un recogimiento silencioso. Al mismo tiempo procuraremos indicarles mentalmente el camino de salida o de *retorno a su origen o de libertad* a las informaciones adheridas.

Finalización

Al final de la ceremonia ventilamos bien la habitación y colocamos las piedras sobre una drusa de amatista. Si se trata de muchas piedras de pequeño tamaño las podemos colocar todas juntas dentro de un saquito de algodón sobre la drusa.

Las flores que hemos utilizado en la ceremonia las devolvemos a la naturaleza y lo hacemos de forma cuidadosa y demostrando nuestro agradecimiento.

Cuando hayamos recogido todo bien, finalizamos la ceremonia espiritualmente, y nos ocupamos de otras cosas.

Transcurso de la ceremonia

Preparación
- Preparación del lugar en el que va a realizarse.
- Higiene personal.
- Eliminar las interrupciones externas.
- Prelavado de las piedras (purificar y lavar).

Concentración
- Meditación (ejercicios de atención).

- Preparación del material de trabajo.
- Flores como ofrenda, agua pura con algo de sal cristalizada, varitas de incienso, cuencos tibetanos o campana, recipiente de sahumerio, mezcla de purificación y sahumerio, vela.
- Encendido de las varitas de incienso.

Ceremonia
- Encendido focalizado de la vela.
- Exposición de las piedras.
- Baño de las piedras en el sonido.
- Encendido del sahumerio.
- Purificación de las piedras en el humo.
- Prolongación de la ceremonia con sonidos, cánticos o una meditación en silencio.
- Apoyo mental: todas las informaciones pueden volver a su origen o ser libres.

Finalización
- Ventilación de la habitación.
- Purificación final sobre una drusa de amatista.
- Devolución de las flores a la naturaleza.
- Recoger.
- Dirigir nuestra atención a otros asuntos.

Recargar

Recargar

Fortalecer y despertar

Para aplicaciones especialmente intensivas, o para que los efectos de las piedras curativas se evidencien lo más rápidamente posible, no solo es conveniente limpiarlas antes de su utilización, sino también «recargarlas». Con el término «recargar» se designa una activación de las fuerzas curativas mediante la elevación del nivel energético en la piedra. Toda energía que se introduce en la piedra es emitida de nuevo por esta, intensificando así su irradiación. Esto puede compararse con una emisora de radio cuyo rendimiento aumenta con un mayor flujo de corriente, de modo que la irradiación se hace más intensa y extensa. Por consiguiente, en el plano físico cada calentamiento de la piedra es una forma de recarga.

El calor del entorno, la luz solar o el calor corporal suministran nueva energía a una piedra, de forma que se generan radiaciones electromagnéticas y oscilaciones acústicas del tipo más fino, con las que la piedra envía sus propias informaciones al entorno.

En el plano etéreo se añade otro efecto. En su dinámica etérea, las piedras también conocen la alternancia rítmica entre reposo y actividad. Las pruebas de radiestesia[9] revelan una transformación patente del potencial energético de las piedras a lo largo del día, el año o durante un ciclo lunar. Incluso cuando la «cantidad de energía» medible físicamente en la irradiación de una piedra es igual, no muestra en cada momento la misma «calidad de energía». En consecuencia, la recarga de las piedras no solo altera la cantidad de su energía irradiada, sino también su calidad.

Mientras recargamos una piedra, está «despierta» en un plano etéreo, es decir, se activan sus propiedades inherentes y se traslada a una más alta «disposición para actuar».

Es comparable a la lectura de un texto: incluso cuando leemos el mismo texto a la misma velocidad y con el mismo volumen, la lectura puede ser diferente si estamos muertos de cansancio o totalmente despiertos. Esta diferencia se transmite también a nuestros oyentes.

---

[9] Radiestesia significa «percepción de radiaciones» (del latín «radius = rayo» y griego «aisthesis» = percepción, capacidad de sentir). Los test radiestésicos se realizan con péndulos, varas o instrumentos similares. Bibliografía: Rainer Strebel, Michael Gienger, *La terapia individual*, AT-Verlag, Baden (CH), 2004.

Para recargar las piedras se incluyen dos efectos diferentes:

Por un parte una intensificación de la irradiación mediante el aporte de energía (luz y calor), y por otra, el despertar etéreo de la piedra, que la activa y la pone en «disposición para actuar».

Métodos tradicionales

La recarga de las piedras curativas tiene sus raíces en el chamanismo. En estas prácticas las piedras curativas se «despertaban» y activaban antes de su utilización mediante sahumerios, cánticos, calentamiento en las manos, breve e intenso jadeo, sujetando sobre determinados chakras (centros de energía) y otros actos rituales. También juega un papel el apoyo mental del efecto: con frecuencia se le habla a las piedras o se recuerda mentalmente su función. Esta «comunicación» con las piedras también es popularmente muy conocida en la tradición europea de la gemoterapia y se encuentra entre otras, en las indicaciones de Hildegard von Bingen[10].

Métodos modernos

Como en la actualidad los elementos rituales suelen causar extrañeza, los métodos modernos para recargar piedras

---

[10] Véase M. Gienger, *Las piedras curativas de Hildegard von Bingen,* Neue Erde, Saarbrücken, 2004.

curativas se limitan a variantes más bien técnicas. Se sitúa en primer plano el calentamiento de las piedras, pues tiene la ventaja de que la aplicación de las piedras (al colocar o masajear) se percibe más agradable. En el plano profesional, las piedras se calientan en un lecho de arena, en agua caliente o también para masajear, en aceite caliente de masaje. Para uso doméstico también pueden colocarse simplemente en un cuenco sobre la calefacción o en un lugar caliente. Sin embargo, se desaconseja calentar en aparatos eléctricos (fuego, horno, microondas), pues debido al *electrosmog* muchos aparatos alteran la información de la piedra y, por tanto, su eficacia. Son preferibles el agua caliente (calefacción) o las llamas (estufas de leña, velas). Naturalmente, las piedras también pueden calentarse simplemente en las manos o llevándolas directamente al cuerpo. De este modo las piedras se despiertan y activan.

Recargar con la luz solar

Un método muy bonito para despertar y activar las piedras es el de recargarlas a la luz del sol de la mañana y de la tarde. Para ello se colocan las piedras durante la salida y la puesta de sol, de tal forma que la luz solar dorado rojiza las envuelva completamente.

Cuando el sol apenas está sobre el horizonte, su luz tiene una estupenda calidad de recarga aproximadamente durante el periodo de tiempo en el que también puede mirarse directamente al sol con los ojos. Para recargar las piedras, solo se dejarán durante un pequeño periodo de tiempo directamente al sol y a continuación se llevarán a un lugar a la sombra.

A mediodía, debido a la elevada proporción de luz UV y a la mínima proporción de luz infrarroja, la luz solar tiene un efecto más bien de descarga. Por esta razón, la carga solo tiene verdadero sentido media hora después de la salida del sol o media hora antes de su puesta. Esta indicación de tiempo es aplicable a las zonas climáticas templadas. En los trópicos y subtrópicos el periodo de recarga se acorta debido a la rápida salida y puesta de sol. Por el contrario, en las regiones subpolares puede ser sensiblemente mayor.

> **Lo más importante a tener en cuenta para recargar con la luz solar:**
> - **Utilización:** tras finalizar la limpieza.
> - **Momento:** durante la salida y la puesta de sol, aproximadamente el tiempo durante el cual se puede mirar directamente al sol.
> - **Adecuado:** para todas las piedras.

Recargar las piedras con la luz de la luna

En la literatura se recomienda con frecuencia la recarga con la luz de la luna, especialmente cuando se encuentra en fase de luna llena. Con este propósito, las piedras se colocan por la noche a la luz de la luna, para que se envuelvan totalmente en su luz plateada. No obstante, hay que tener en cuenta que la luz de la luna trae consigo una información propia mucho más marcada que la luz solar. La luz de la luna no solo potencia las informaciones propias de las piedras, sino que añade nuevas cualidades a éstas.

Por tanto, la recarga con la luz de la luna es adecuada sobre todo para las piedras relacionadas con el contenido líquido del cuerpo (fluidos corporales, linfa, contenido en hormonas, etc.). Las piedras curativas de este tipo suelen mostrar gracias a la recarga con la luz de la luna, unos efectos claramente más intensos.

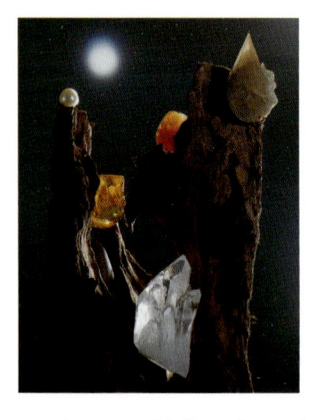

También hay que tener en cuenta que la luz lunar posee calidades muy diferentes en las diferentes fases lunares. Así pues, las fases que van desde la luna creciente hasta la luna llena son más adecuadas para procesos reparadores, que potencian y multiplican los existentes. En el caso de la luna menguante se favorecen los procesos de disolución y purificación y, por consiguiente, también con frecuencia la curación de enfermedades. La luna en fase creciente actúa con tendencia a recargar, mientras que por el contrario, la luna menguante tiene efecto de descarga. El libro *Der Mondschild,* que lamentablemente solo se puede encontrar en algunas tiendas de libros antiguos, así como la tabla informativa del mismo nombre, ofrecen detalles de las cualidades de las fases lunares[11].

Lo más importante para recargar con la luz lunar:
- **Utilización:** tras finalizar la limpieza.
- **Momento:** por las noches a la luz de la luna, en fase creciente para procesos reparadores, para procesos de disolución y purificación con la luna en fase menguante.
- **Adecuado:** sobre todo para piedras con una relación con el contenido en agua del cuerpo.

Recargar sobre cristal de roca

El método preferido en gemoterapia es la recarga de piedras curativas sobre cristal de roca. El cristal de roca es un cuarzo neutro (¡naturalmente solo si se ha autopurificado!) que siempre favorece y refuerza las propiedades ya existentes. Por ello, sus cualidades de transparencia, pureza y concienciación también pueden despertar, activar y potenciar la expresión de otras piedras.

Por añadidura, los cristales de cuarzo como el cristal de roca o la amatista tienen la propiedad de captar la energía en la base o en las caras y concentrarla sobre el extremo. Este hecho puede incluso medirse físicamente. La conductividad térmica en los cristales de cuarzo es hasta 1,8 veces mayor en el extremo que en las caras. Por ello se utilizan también drusas de amatista con muchos cristales para purificar otras piedras.

Al contrario de la amatista, el cristal de roca no tiene efecto purificador. Su información es totalmente neutra: «¡Sé el que eres!». Precisamente por ello es una piedra maravillosa para recargar, es decir, despertar y activar a todas las demás piedras curativas.

En contraposición al calentamiento en las manos y a otros métodos de recarga, la utilización de cristal de roca es también un método completamente neutro, pues el efecto de otras piedras curativas en su propiedades perma-

---

[11] Wolfgang Maier, *Der Mondschild,* Neue Erde, Saarbrücken, 2001 (libro); Ajona Witt, Wolfgang Maier, Michael Gienger, Der Mondschild, Neue Erde, Saarbrücken, 2004 (Tabla).

nece, como es y no resulta alterado.

Para recargar las piedras curativas con cristal de roca, éstas se colocan bien en un lecho de piedrecitas de cristal de roca o directamente sobre un grupo de cristal de roca. Ambos métodos funcionan, aunque los grupos de cristal de roca tienen un efecto claramente más intenso. Como en este caso las piedras se colocan directamente sobre las puntas de los cristales, se recargan con mucha más fuerza que las colocadas sobre piedrecitas desordenadas de cristal de roca. De una forma u otra, la energía neutra afluye a las piedras colocadas, la reciben y una vez dotadas de información propia, la vuelven a emitir. Por consiguiente, la recarga con grupos de cristal de roca es un método suave, pero eficaz y sobre todo muy neutra.

Lo más importante para recargar sobre cristal de roca:
- **Utilización**: tras finalizar la limpieza.
- **Duración:** a voluntad – ilimitada.
- **Adecuado:** para todas las piedras.
- **Considerar por favor:** los grupos de cristal de roca utilizados para recargar tienen que estar purificados.

Consejo final

Como las piezas de drusas de amatista están compuestas por numerosos cristales de cuarzo, no solo actúan como purificadoras, sino que al mismo tiempo también actúan como recargadoras (despiertan y activan). Por ello, tras la purificación mediante amatista se *pueden* añadir otros métodos de recarga para reforzamiento, ¡pero no es *obligatorio*!

Otros cuidados

Respeto y admiración

Las informaciones que las piedras captan adicionalmente a sus propiedades naturales y que también irradian de nuevo juegan, como es natural, un papel importante, que nosotros mismos transmitimos en nuestro trato con las piedras. El descuido, la desidia y el desprecio son «informaciones», al igual que lo son el respeto, el cuidado o la admiración. Estas informaciones alteran la expresión de las piedras: las piedras tratadas de manera descuidada se vuelven mates y deslucidas. Por el contrario, las tratadas con respeto e incluso admiración parecen resurgir. Cuando a comienzos de los años noventa aún regentaba un negocio propio de minerales, examiné cuidadosamente mis «artículos invendibles» y los miré con un sentimiento de enorme admiración. En apenas unos días, la mayoría de estos artículos se habían vendido.

El respeto y la admiración se incluyen entre los mejores cuidados espirituales que podemos procurar a nuestras piedras curativas y minerales de colección. Mucho mejor que la simple eliminación del polvo (con frecuencia una tarea pesada) o todos los procesos de limpieza, mantenemos nuestras piedras «frescas» solo gracias a estos dos factores. ¡Pruébenlo!

Alteraciones de las piedras

En ocasiones las «influencias humanas» son visibles incluso en las alteraciones palpables de las piedras. Las amatistas y los cuarzos rosa se vuelven pálidos o tienden a oscurecerse. En las obsidianas se forman «copos de nieve», las cristalizaciones de feldespato se tornan completamente grises en algunas piedras. También se presentan opacidades

Obsidiana: crecimiento de «copos de nieve» por cristalización de feldespato.

Amatista: el oscurecimiento «normalmente» solo es posible por influencia de las radiaciones.

en los cristales o al contrario, los cristales se vuelven de nuevo transparentes. La lista de estas alteraciones es larga y a menudo sorprendente.

Muchas alteraciones de las piedras pueden prolongarse en el curso del tiempo: alteraciones del color por influencia de la luz o pérdida de agua, opacidades y aclarados del color por una alteración de la tensión en la red cristalina, el «encanecimiento» de algunas obsidianas por una paulatina cristalización. Pero el «factor humano» acelera estos procesos, en ocasiones de forma considerable. Lo que normalmente podría durar años o décadas, se produce repentinamente en semanas o incluso días.

A veces, las purificaciones etéreas regulares pueden detener estas alteraciones, cuando son indeseadas y en ocasiones pueden incluso llegar a retroceder, precisamente en ciertas alteraciones de color u opacidades en los cristales. Pero incluso cuando las alteraciones son irreversibles, esto no significa en ningún caso que la piedra afectada sea estéril. Ha experimentado una alteración, pero sin embargo puede ser una valiosa piedra curativa.

Agua en las piedras

Un factor importante de estas alteraciones puede ser el contenido en agua de las piedras. Cuando la crisoprasa pierde su color o las brillantes manchas de color de los ópalos empiezan a desaparecer, en la mayoría de los casos juega un papel importante la pérdida de agua. El verde manzana de la crisoprasa solo se origina cuando el níquel que con-

Crisoprasa: decoloración parcial por deshidratación.

Ópalo noble: pérdida del juego de colores por deshidratación.

tiene se pone en contacto con el agua. Las esferitas de ácido silícico del ópalo, en las que la luz rompe, se funden en fibras de cuarzo cuando la piedra se seca. Se convierte entonces en calcedonia, también una piedra curativa, pero que no posee en absoluto el mismo valor económico…

Por consiguiente, en las piedras que contienen agua se deberá tener siempre especial cuidado con las alteraciones. Cuando muestren signos de una pérdida de agua es aconsejable colocar la piedra en agua pobre en cal, de pH neutro. En el caso de joyas con ópalos, es conveniente envolverlas en un algodón húmedo. Se puede así regenerar el contenido en agua, y la adopción oportuna de estas medidas puede salvar incluso el aspecto de la piedra.

> La pérdida de agua puede ser causa de colores empalidecidos u otras alteraciones en las siguientes piedras: ópalo de los Andes, ópalo noble, ópalo de fuego, ópalos normalmente de colores intensos, calcedonia rosada, calcedonia verde, crisoprasa o ágata. Por consiguiente, estas piedras nunca se colocarán directamente en sal, pues la sal es higroscópica.

Conservación

En la conservación de las piedras, además de los cuidados ópticos mediante la eliminación del polvo (en este sentido son muy aconsejables las vitrinas herméticas), la limpieza y el lavado, hay que pensar sobre todo que dos piedras curativas colocadas muy cerca se «informan» de forma totalmente recíproca. Una compañera de mi anterior empresa experimentó una vez este hecho de una forma muy evidente, cuando quiso realizar ejercicios con cristal de roca y ópalo de fuego en un taller. Como había transportado las dos piedras juntas en una cartera, ¡el cristal de roca tuvo repentinamente efectos de ópalo de fuego!

En especial las piedras neutras, como por ejemplo el cristal de roca, aceptan rápidamente las informaciones de otras piedras curativas. No obstante, en principio todas las piedras pueden recibir informaciones de otras y de este modo alterar también su efecto.

La conservación de las propias piedras curativas en un gran cuenco como si fueran caramelos no es en absoluto óptimo. A no ser que antes de cada pequeña aplicación, las piedras sean purificadas exhaustivamente. Una distancia de uno o dos centímetros entre las piedras, por ejemplo en una vitrina, reducen considerablemente las informaciones recíprocas. Todavía mejor resulta la conservación en una caja de madera con compartimentos separados, pues las divisiones de la madera tienen un maravilloso efecto protector. Incluso unas pequeñas cajas de cartón son mejor que nada.

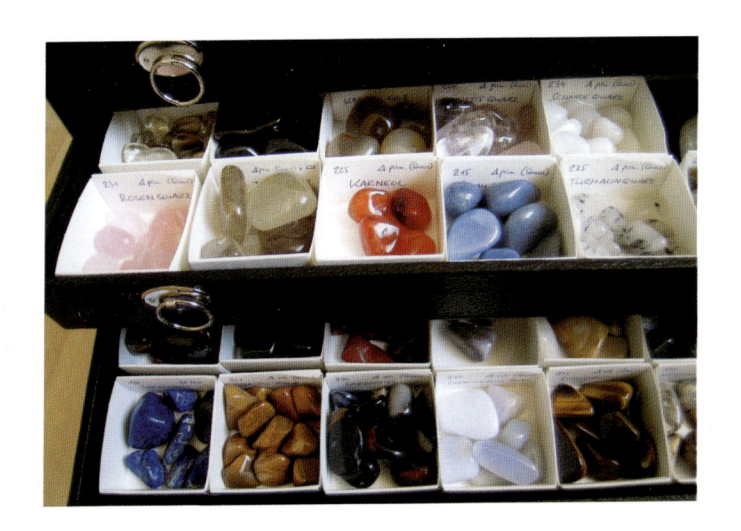

Por lo demás, para la conservación únicamente hay que considerar que las piedras no solo se llevan en el cuerpo, sino también despliegan su efecto en el entorno. Un desorden caótico o unas colecciones sin cariño también actúan en la misma forma. Un claro orden patente en la mayoría de los casos se vive de forma mucho más agradable.

Si conservamos las piedras de tal forma que su aspecto resulte estético para nosotros, estaremos creando realmente una agradable armonía para el entorno. ¡El sentido para la estética no es otra cosa que una sensación de armonía más refinada!

Proteger

Protección y depuración

El flujo de información en el hombre

En los seres humanos el intercambio de informaciones a todos los niveles también juega un papel vital. Nuestro complejo sistema de mente, alma, entendimiento y cuerpo solo puede coordinarse y dirigirse con los más variados flujos de información. Así pues, solo en el cuerpo poseemos toda una serie de autopistas de datos (nervios, sangre, meridianos) y circuitos radioeléctricos (impulsos luminosos de núcleo celular a núcleo celular). En lo relativo al alma, el entendimiento y la mente, se añaden otras conexiones energéticas y telepáticas.

Sin entrar en los detalles de este complejo sistema[12], se permite vislumbrar que solo es posible un funcionamiento inalterado de todos los ámbitos si las informaciones correctas se intercambian libremente y se procesan de forma óptima. Las informaciones erróneas en un tiempo erróneo y en un lugar erróneo conducen inevitablemente a alteraciones, dónde nuestro «sistema de comunicación», mediante conexiones en paralelo y anticontroles, es capaz de reequilibrar la mayoría de estas alteraciones. Solo cuando se instaura una determinada alteración que ya no puede compensarse, de tal forma que se producen fallos y posiblemente secuelas, lo percibimos paulatinamente a través

---

[12] Véase Rainer Strebel, Michael Gienger, *Die Individuelle Therapie*, AT-Verlag, Baden (ICH), 2004.

de malestar, lesiones o, finalmente, afecciones mentales y físicas.

Consideradas así, las enfermedades consisten en alteraciones del flujo de información debido a «informaciones erróneas» que persisten en nuestro cuerpo. Las alergias representan el mejor ejemplo de estas alteraciones: cuando una determinada sustancia, a modo de última gota, «colma el vaso» de un organismo ya sobrecargado previamente por intolerancias alimentarias, dolencias anteriores, tóxicos ambientales, estrés, etc., el organismo almacena la información de esta última sustancia desencadenante posiblemente asociándola a todas las secuelas desagradables. Esta sustancia, o incluso solo su información (!), es suficiente para que en el futuro cause inmediatamente violentas reacciones de defensa, ¡y ya se ha generado una alergia!

Eliminación de trastornos

Por tanto, en el tratamiento con piedras curativas en principio no intentamos otra cosa que dirigir la atención de nuestros sistemas de regulación hacia una alteración existente a través de una información similar a ese trastorno (lo semejante cura lo semejante) o proporcionar por medio de otra información un concepto de solución al trastorno. Por consiguiente, manifestarán efectos curativos precisamente aquellas piedras que transmiten información análoga, o que poseen otro efecto de eliminación y purificación.

Se puede decir que determinadas piedras curativas son algo así como «purificadoras generales». Estimulan nuestro sistema de comunicación interna para ensayos y para la autorreparación de trastornos. De ahí que puedan utilizarse inespecíficamente en «procesos de purificación» y como piedras protectoras, ya que favorecen los procesos de autopurificación y autocuración.

Protección mediante piedras curativas

Naturalmente —quién lo habría pensado— se incluye la amatista con su mensaje «Libérate de todo lo adherente». Y naturalmente, también el cristal de roca con la información «sé quién eres». El tercero en la liga de esta comunidad purificadora y protectora es el chorlo, la turmalina negra. En este sentido, su mensaje lo podemos definir como «despréndete de lo que no te pertenece».

Cada una de estas piedras por separado puede utilizarse de formas diferentes para eliminar y purificar «informaciones extrañas»: cuando cepillamos de arriba abajo el campo energético que circunda al cuerpo (el «aura»), por ejemplo con drusas de amatista, ponemos en marcha dicha purificación general, que se manifiesta directamente de forma perceptible mediante la eliminación de tensiones o el descenso de la hipertensión (se explica más detalladamente en el «botiquín de piedras curativas[13]»). En la cabeza es suficiente para ello el peinado con un peine de amatista. Mentalmente percibimos la resolución y liberación con la amatista como una paz que penetra en nuestro interior.

El cristal de roca desarrolla un proceso de clarificación algo más suave, cuando se bebe regularmente como «agua de gemas preciosas». El recuerdo constante «sé quién eres» nos estimula y nos hace más conscientes frente a todas las influencias exógenas y/o perturbadoras. Por eso corregimos de forma automática lo discrepante e impedimos el establecimiento de informaciones erróneas. El resultado es perceptible en forma de claridad y de «estar consigo mismo en la pureza».

En el caso del chorlo, la turmalina negra, basta con llevarla junto al cuerpo en una cadena, colgante o pulsera,

---

[13] M. Gienger, *Die Heilsteine Hausapotheke* (El botiquín de piedras curativas), Neue Erde, Saarbrücken, nueva edición ampliada, 2004.

para poner en marcha procesos de eliminación y purificación. El chorlo es el «eliminador de bloqueos» por excelencia. También aborda trastornos mayores, que en ocasiones se mantienen por sentimientos de culpa, mala conciencia o simplemente por ignorar de forma obstinada. Mientras aborda estos bloqueos con su información «despréndete de lo que no te pertenece», naturalmente también se mueve algo espiritual. A nivel corporal esto se refleja en un aumento de la actividad intestinal hasta la diarrea, que también es un proceso de purificación. Pero el chorlo no solo favorece la «agitación», sino que también ayuda a liberarse muy rápidamente. Esto último lo experimentamos de forma patente como sensación de alivio o indirectamente como un reposo rápido, mejor sueño, relajación más profunda y una mayor resistencia al estrés.

La combinación de amatista, cristal de roca y chorlo (turmalina negra) es una maravillosa mezcla purificadora y protectora en muchas situaciones vitales. Aplicado al agua de piedras preciosas, basta con rociar la mezcla mediante un nebulizador alrededor del cuerpo, es decir, del «aura», el campo de energía que rodea al cuerpo. Este campo de energía está relacionado directamente con nuestro sistema de comunicación, por lo que estas aplicaciones actúan muy rápida y directamente.

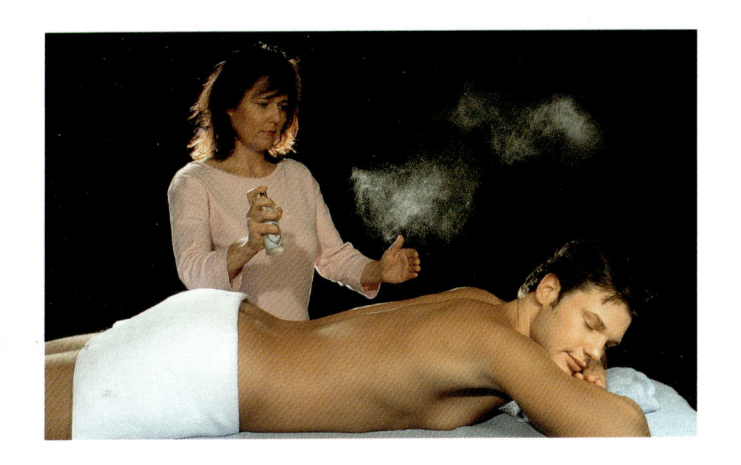

Precisamente en las situaciones en las que percibimos claramente que cada vez son más las informaciones que se fijan a nosotros, esta mezcla en forma de agua de piedras preciosas tienen un efecto de alivio y liberación inmediato. Pasó su test de rigor en las Jornadas de Minerales del año 2005 celebradas en Múnich.

Quizá conozcan la sensación de sentirse paulatinamente más «pegajosos» y cargados de «adherencias» cuando se encuentran en espacios con mucha gente y minerales. Las tensiones, sensación de haber cargado con toneles, dolor de cabeza, cansancio, irritación creciente y pensamiento de huida son una posible expresión de que las energías e informaciones captadas nos están llegando «al cuello». Una sola aplicación de la mezcla de amatista, cristal de roca y chorlo (turmalina negra) en forma de spray de piedras preciosas, o en caso de necesidad varias veces en intervalos de minutos, conducen, como se ha dicho, a una liberación y alivio inmediatos. Como en 2005 la mezcla estaba todavía en «fase de ensayo», en las Jornadas de Minerales de Múnich se probó su sólida eficacia en al menos cuarenta casos. Después desgraciadamente el frasco se quedó vacío...

Usted puede favorecer mentalmente esta autopurificación y la protección que se deriva de ella mediante el mensaje mental a todas las energías e informaciones adheridas: «*¡Retorna a tus orígenes o sé libre!*».

Como es natural, este proceso mental de liberación se puede utilizar siempre que no tenemos precisamente las piedras en la mano...

Adherencias en determinados espacios

Las energías extrañas y las informaciones no solo pueden adherirse a las piedras, a otros objetos o al sistema de comunicación de los seres vivos, también pueden fijarse a las habitaciones o a determinados espacios. Esto sucede en parte por acontecimientos que se han producido en el lugar y en parte por pensamientos originados en ese espacio o por las personas que lo hayan ocupado y los acontecimientos que hayan tenido lugar ahí, o simplemente por el «lastre» descargado por otros en ese lugar. Esto último lo encuentro regularmente, por ejemplo en los seminarios.

Este fenómeno se conoce desde tiempos inmemoriales, por lo que todas las culturas han desarrollado en todo el mundo medidas de purificación y clarificación para espacios y lugares. En principio son los mismos métodos que se describen para la purificación de piedras en este librito.

Depuración de espacios

En muchas culturas los sahumerios y purificaciones por sonidos se sitúan en un primer plano para la purificación y depuración de espacios, por lo que estos últimos pueden ser altos y disonantes. En relación con esto, transmiten una viva impresión, por ejemplo, las aperturas musicales de las ceremonias tibetanas. Esto no lo aguanta ni el más recalcitrante diablo. El tumulto del carnaval y los fuegos artificiales de San Silvestre, e incluso las campanas de las iglesias, también tienen su origen en la misma idea. Las campanadas de rebato originalmente no solo tenían la intención de advertir, sino de disolver mediante oscilaciones acústicas la amenazadora atmósfera tormentosa.

Como con la intensidad musical, en muchas culturas también se sahúma de forma masiva. Así pues, no solo en ceremonias chamánicas se sahúma con frecuencia, sino que también en la Iglesia católica se llena el incensario y se agita abundantemente.

En una forma más suave podemos utilizar cuencos tibetanos y varillas de incienso para purificar los espacios. Por ello lo importante es, sobre todo, que el espacio esté sahumado a ser posible en todos los ángulos y aplicando sonidos. Tras un breve periodo de actuación se procede a la ventilación.

Lámparas de sal gema

La sal, ya mencionada anteriormente, goza de gran popularidad para la purificación de espacios. En el pasado se esparcía por espacios y establos o antes de las nupcias o se utilizaba en los nacimientos, bautizos, durante la comida o el sueño, en la cuaresma, en la presentación de viajes, en el lecho de muerte o entierros, siempre para purificar el espacio y la atmósfera, pero también los ánimos de todos los participantes.

Con las lámparas de sal gema esta vieja tradición también encuentra continuación en la modernidad. Debido a las propiedades purificadoras y protectoras de la sal[14], estas lámparas contribuyen a la purificación y clarificación de los espacios.

Junto a la estética de su bella y suave luz, la información de la propia sal («¡Purifícate y clarifícate!») provoca sobre todo los efectos positivos de estas lámparas.

---

[14] Informaciones detalladas sobre la sal pueden encontrarse en M. Gienger, G. Glaser, *Salz – Nahrungsmittel, Heilmittel oder Gift?* (La sal, ¿alimento, medicamento o tóxico? Neue Erde, Saarbrücken, 2003.

Mezcla de depuración y protección

Para purificar y clarificar los espacios con ayuda de otras piedras curativas se ha probado eficaz la mezcla de agua de gemas preciosas, consistente en amatista, diamante, fluorita, topacio y turmalina negra. En esta mezcla se unen las siguientes informaciones para una máxima fuerza purificadora:

- **Amatista:** «¡Libérate de todas las adherencias!».
- **Diamante:** «¡Libertad incondicional!».
- **Fluorita:** «¡Todo en orden!».
- **Chorlo:** «¡Despréndete de lo que no te pertenece!».
- **Topacio:** «¡Preserva el espacio propio!».

Expresado de otra forma, la amatista, el diamante y el chorlo se ocupan aquí de una purificación profunda, la fluorita ayuda a restablecer el orden natural de nuevo y el topacio ayuda a proteger el espacio libre ganado.

Esta mezcla es muy vigorosa y tan intensiva que se recomienda, después de rociar el espacio con el agua de mezcla de piedras preciosas, abandonar el lugar inmediatamente y 15 a 30 minutos después, ventilarlo a fondo. Si se permanece en el espacio, esta mezcla puede producir una purificación corporal muy intensa (diarrea, sudoración profusa, etc.), que no siempre es deseable.

Naturalmente, también pueden favorecer mentalmente la purificación del espacio mediante el mensaje conceptual a todas las energías e informaciones adheridas: «¡Retorna a tus orígenes o sé libre!».

Sistemas autorreguladores

Las piedras curativas pueden desempeñar otra importante función de purificación y protección en los espacios. No solo es útil en un proceso activo de clarificación, también pueden construir un sistema autorregulador de purificación y protección, cuando se colocan en los espacios en forma de grandes cristales, grupos de cristales y drusas.

Para construir un sistema de purificación y protección autorregulador así, una vez más se ha probado la eficacia de la amatista («¡Libérate de todas las adherencias!») y el cristal de roca («¡Despréndete de lo que no te pertenece!»). La amatista se emplea en este caso en forma de drusa (o pieza de drusa), el cristal de roca como grupo y el chorlo como cristal aislado libre.

Si quiere crear un sistema así, primeramente es muy importante comprobar mediante una meditación silenciosa o un recogimiento interno, si el espacio en cuestión requiere sobre todo un sistema de purificación y protección de estas características. Si se sienta en el espacio en silencio o se traslada mentalmente allí y se plantea la pregunta en el espacio: «¿Es por el bien de todos los seres crear un sistema de purificación y protección con piedras curativas en este lugar?». En su intención deberá estar claro que se trata de un bien supremo para todos los seres implicados, incluso si uno u otro afectado quizás no esté entusiasmado en el momento con la idea de ser purificados y protegidos (de lo contrario reciben simplemente una encuesta de opinión). Sin embargo, la pregunta se refiere a si se considera como algo bueno contemplado desde un nivel superior.

Si su intención al respecto es clara, también recibe una respuesta clara, que puede manifestarse en forma de pensamiento, sentimiento, percepción, apariencia corporal o también un fenómeno externo aparentemente «casual». Tienen que ver si esta respuesta les motiva para continuar o si reciben la impresión de mejor desistir de sus propósitos.

Cuando la respuesta es afirmativa, las piedras correspondientes se colocan en el espacio: una drusa de amatista, un grupo de cristal de roca y un cristal aislado de chorlo.

Posiblemente las tres piedras surgen inmediatamente en su imaginación en un determinado tamaño y disposición en la habitación y dan inmediatamente una impresión adecuada. Entonces recuerda el tamaño y la disposición o realiza inmediatamente un croquis correspondiente.

En caso contrario, varíe el tamaño y disposición de las piedras hasta que se cree una impresión apropiada. Como las piedras no tiene que cargarlas físicamente de uno a otro lado, puede jugar y modificarlas libremente. Si la impresión es la adecuada, recuerde el tamaño y la disposición o realice inmediatamente el croquis correspondiente.

Este ejercicio preparatorio es útil para encontrar las piedras adecuadas y disponerlas convenientemente. Le transmite una impresión de lo que busca y de cómo debe organizar las piedras. Para esto no existe ninguna regla general, pues cada espacio tiene sus características propias.

Pero también es muy importante que este ejercicio preparatorio se entienda como una «orientación aproximada» y no se aferre de forma esclavizada a su idea. Finalmente, decida la impresión de las piedras reales que elija (aquí su capacidad económica también cuenta). En último lugar, es decisiva su impresión del espacio después de colocar las piedras reales, sobre el hecho de si se han dispuesto correctamente o no. En cualquier caso, ¡cámbielas hasta que todo esté bien!

Las circunstancias espaciales deben ser respetadas, pues una piedra que está permanentemente en el camino, resulta más molesta que útil. En definitiva, usted mismo tiene que estar de acuerdo con la impresión general.

Cuando concluya la colocación de las piedras con una pequeña ceremonia adaptada a usted, habrá logrado con estas tres piedras un sistema de purificación y protección autorregulado, mediante el cual las energías extrañas y las informaciones vuelven de nuevo a su origen o pasan libremente. Esta idea la puede ofrecer en la ceremonia final para cada una de las piedras como mensaje mental para su función purificadora y protectora. Pues en esta frase escueta se resume toda la esencia de protección y purificación:

¡Regresa a tu origen, o sé libre!

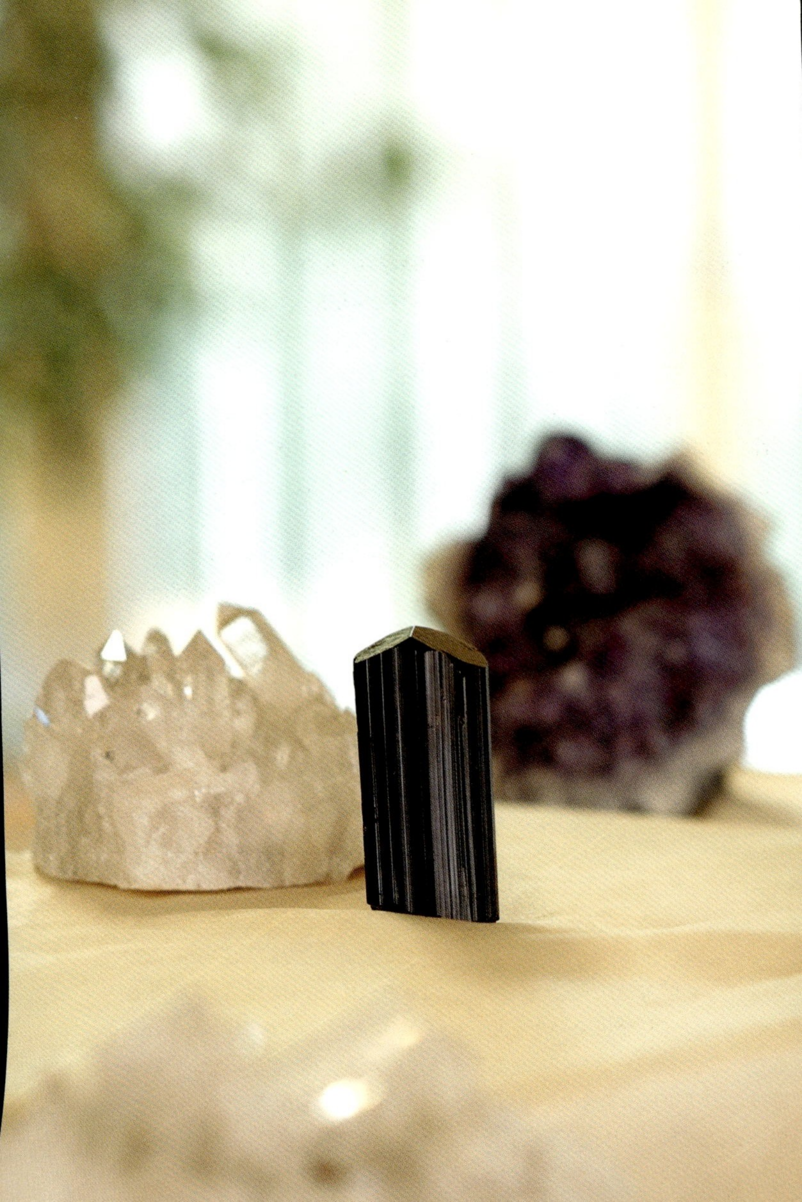

Anexo

El autor

Michael Gienger colecciona minerales desde 1972 y se dedica a la gemoterapia y a las propiedades energéticas de las piedras desde 1985. Con sus investigaciones sobre gemoterapia Michael Gienger ha ganado prestigio internacional. Como autor ya ha publicado más de veinte libros, algunos de los cuales se cuentan entre las obras de referencia de su campo y se han traducido a diez idiomas. Junto a su actividad como autor y editor Michael Gienger también imparte conferencias y seminarios sobre gemoterapia y ámbitos afines. Su obra *Piedras curativas de la A a la Z* está publicada por Edaf.

Otras informaciones:

www.michael-gienger.de; www.steinheilkunde.de; www.fairtrademinerals.de; www.edelstein-massagen.de; www.cairn-elen.de.

Agradecimientos

Quiero agradecer muy cordialmente a Sabine Schneider-Kühnle y Marco Schreier el impulso recibido para la elaboración de este librito y también todo el apoyo que me han prestado a través de sus ideas, estímulos y materiales. Agradezco también a Ines Blersch sus bonitas fotos, a Anja Birkholz por su abnegada actuación como modelo fotográfica, a Peter Walter por la asistencia en el estudio, a Fred Hageneder, de Dragon Design, por el logrado diseño y a Andreas Lentz, mi editor, por su benévola compañía y la rápida transformación del proyecto. Un agradecimiento muy especial dirigido a Erwin Engelhardt, Wolfgang Dei, Walter von Holst, Monika Grundmann y Joachim Goebel por todas las inspiraciones sobre el tema, así como a todas aquellas personas que me han informado en los últimos veinte años de sus experiencias con los diferentes métodos. Solo así fue posible crear esta pequeña obra. ¡Gracias de todo corazón!

Fotografías

Ines Blersch (www.inesblersch.de): todas las fotografías menos las siguientes, Masaru Emoto/KOHA-Verlag (www.koha-verlag.de): pág. 9

Annette Jakobi (www. edelstein-massagen.de/tuebingen): página 10, 47.

Lapis Vitalis (www.lapisvitalis.de): páginas 11, 14, 16, 52

Wolfgang Dengler (www.weltimstein.de): página 25.

Joya International (www.joya.eu): página 38 arriba.

Andreas Lentz (www.neueerde.de): página 39.

Nota de la editorial

Los datos que figuran en este libro se han recopilado de acuerdo con los mejores conocimientos y conciencia, y los efectos curativos de las piedras se han probado en numerosas ocasiones. Como las personas reaccionan de forma diferente, la editorial y el autor no pueden garantizar en cada caso la eficacia o inocuidad de las aplicaciones. En afecciones graves para la salud, diríjase a su médico o naturópata.